西安小史丛书
XIAN XIAOSHI CONGSHU

西安文化名人
XIAN WENHUA MINGREN

编著 侯海英

西安出版社
西安曲江出版传媒股份有限公司

图书在版编目（ＣＩＰ）数据

西安文化名人 / 侯海英编著 . -- 西安 : 西安出版社，
2015.9（2019.1重印）
（西安小史）
ISBN 978-7-5541-1227-4

Ⅰ. ①西… Ⅱ. ①侯… Ⅲ. ①文化－名人－生平事迹
－西安市 Ⅳ. ①K825.4

中国版本图书馆CIP数据核字（2015）第223028号

西安小史丛书

西安文化名人

编　　著：侯海英
责任编辑：张增兰　刘　筱
责任校对：陈　辉
装帧设计：辛梦东
责任印制：宋丽娟
出　　版：西安出版社
　　　　　（西安市长安北路 56 号）
电　　话：（029）85253740
邮政编码：710061
网　　址：www.xacbs.com
发　　行：西安曲江出版传媒股份有限公司
　　　　　（西安曲江新区雁南五路 1868 号影视演艺大厦 14 层）
印　　刷：三河市兴国印务有限公司
开　　本：889mm×1194mm　　1/24
印　　张：6.25
字　　数：106 千
版　　次：2016 年 1 月第 1 版
印　　次：2019年1月第4次印刷
书　　号：ISBN 978-7-5541-1227-4
定　　价：48.00 元

序一

坊间以西安或长安历史为题的著述多矣，为何还要编写并出版这样一本"小史"？这是我在阅读《西安小史》书稿之前心中的一个疑问。可是读完之后，却有了新的认识。

长安作为历史上最具盛名的都城，其特色鲜明，内涵丰富，为世所公认。即便从世界范围看，能够与之媲美的，也不多见。古代长安曾经集中了中国文化的精华，或者说，曾经是中华文化的典型代表。无论是其思想内容，还是其表达形式，皆堪称典范。要理解中国的历史及其同世界其他地区文明的关系，特别是解读中国制度文化的历史，离开了长安这座伟大的城市，恐怕是很难找到正解的。我们完全可以说，在当代中国，地理位置居中、但在感觉上略为偏西的西安，其实是理解中国传统与文化的一把钥匙，从某种意义上说，也是理解当代中国的关键之一。由于这样的历史地位和对于人类文化发展的贡献，有很多人为其著书立说，自是理所当然。

然而，我们能够读到的关于长安或西安历史文化的书籍，还是以严肃的研究类著述居多。这样性质的论著，对于学术研究的进步当然是很好的。可是，如今社会，有很多普通的民众，对中国文化的来龙去脉，以及如何一步步走到今天并不清楚。要回答这样的问题，学者们就应当基于严谨的学术态度，而用通俗易懂的语言，将历史的真实告之世人，从而显著地缩小当代与历史的距离，培育并增进那种本应得到继承，然而事实上却有些淡漠、甚至可以说暌违已久的民族历史情感。

在我看来，这正是此谦逊地自名为"小史"，内容却丰富多彩的读物所承载的使命。读完之后，我掩卷而思，甚感作者用心之良苦、匠心之独运。作者是专业人士，学养深厚。有此基础，故全书概念准确，内容丰富，取舍得当，读来令人饶有兴味。一卷在手，费时不多，古长安之历史兴衰及其对于当代的影响，可以有个初步的认识，这一点，是勿庸置疑的。

然而我还要特别指出，本书与许多类似的著述所不同的两个特点。

第一，近代以来，随着社会的变迁，长安文化在许多人看来不过是一种久远的历史存在。当然，国人和世界都不会不注意到古代长安的文化遗存，但注意力更多地停留在物质的或外在的表现方面，长安文化的精神与核心却往往是被忽视的。然而本"小史"却非常重视对内在精神文化的解读，虽笔墨不多，用语也并不佶屈聱牙，然有其深意在焉。我们知道，历史上所有伟大的城市，之所以千古留名，从根本上说，是因其体现了某种足以反映时代特征的伟大思想和精神。我们说起长安，就会情不自禁地联想到汉唐气象，这说明长安具有有别于其他古代城市的特殊精神气质。而其空间格局和建筑的样式等等，只不过是其思想与精神气质的外在表现，是思想与精神气质的物化。这一点，如果本书的读者稍加留意，是一定会注意到的。

第二，本书作者在娓娓道来之际，给自己确定了一个相当高的学术品格。这个品格除了以严谨的态度尊重历史事实之外，还体现为其视野和胸怀。我曾在另外一个场合说过，长安学的研究应当遵循一个基本原则，即要有历史起点、当代情怀和世界眼光。所谓世界眼光，是说解读长安或西安的历史，必须要超越今日西安的空间范围。换言之，我们不能坐井观天，而必须换个角度回望自己的历史。舍此，我们其实无法准确地解读长安或西安在中国历史甚至世界历史上的地位与影响。我相信，如果读者明白了这一点，就不会对本"小史"中的某些内容远离关中中部这个相对狭小的地理空间而感到诧异了。

总之，这是一套好书，我愿意向各位郑重推荐。我相信借助此书，我们一定能够同作者一起，分享根植于我们灵魂深处的对于西安、对于祖国、对于人类文明的深厚情感。

萧正洪

（中国古都学会会长）

2015 年 7 月 30 日

序二

　　西安古称长安，是世界最著名的古代大都会之一，著名的丝绸之路的起点就在西安，其在古代中国与亚洲、非洲和欧洲各国的经济文化交流中发挥了重要的作用。在西安建都的王朝前后有 13 个之多，是我国建都时间最长、建都王朝最多的城市，被列为"七大古都"之首。尤其是隋唐时期的长安城，不仅是我国历史上规模最大的城市，其 84.1 平方公里的面积，是汉长安城的 2.4 倍、明清北京城的 1.4 倍；同时也是当时世界上规模最大的一座城市，比同时期的东罗马帝国的都城君士坦丁堡大 7 倍，也比公元 800 年所建的巴格达城大 6.2 倍。位于长安城北龙首原上的唐大明宫，是我国历史上规模最大、最为宏伟的一处宫殿群，其面积是今北京故宫的 3.5 倍。如此宏伟壮丽的城市，不仅是这一时期全国的政治、经济和文化中心，也是世界各国各地区的人们向往的黄金帝国。据《唐六典》的记载，当时来长安与唐通使的国家、地区多达 300 个，其中东罗马帝国先后 7 次遣使至长安，日本遣唐使到达长安 16 次，阿拉伯帝国曾 36 次派使节到长安，西域各国"入居长安者近万家"，在唐朝政府中担任各种官职的外国人也为数不少，因此长安城可谓真正的国际大都市。

　　正因为如此，西安地区的历史文化积淀十分深厚，著名的半坡、秦兵马俑、阿房宫、汉长安城、大明宫、大唐西市、明城墙以及大雁塔、小雁塔、大兴善寺、华清池、兴教寺、青龙寺等历史遗址星罗棋布，其周围的帝王与历史名人的墓葬和文化胜迹更是数不胜数。此外，由于西安是丝绸之路的起点，自从有了这条道路，古代世界才真正开始联结成为一个整体，人类文明进步的脚步进一步加快，人类物质和精神生活由此而更加丰富充实和绚丽多彩，东方历史和欧亚各国文化的发展由此改观。因此，人们称誉这条丝绸之路为"推动世界历史车轮的主轴"，是"世界文化的孕育地""世界文化的母胎"，是"世界文化的大运河"。当然丝绸之路绝不仅仅是一条东西方之间的商贸通道，它更是一条外交之路、对外开放之路、民族融合之路、文化传输之路和文明交融之路。

然而，如此丰富而深厚的历史文化积淀，直到目前尚未有一套简明扼要、适合普通读者阅读的介绍西安历史文化的书籍问世。有鉴于此，西安出版社和曲江出版传媒股份有限公司组织专家学者编写了这套《西安小史》丛书，以便为广大读者、游客和关注西安历史文化的中外人士服务。

这套丛书共由六部小书组成，即《汉长安城》《隋唐长安城》《西安十三朝》《西安历史名人》《西安文化名人》《汉唐丝绸之路》，每部小书约为5万至6万字，各配有数十幅精美的彩色图片。因此，图文并茂，是这套丛书的第一个鲜明特点。

为了使广大读者在工作之余能以更短的时间了解西安的历史文化，故采取了专题式的写作方法。每部小书约有一百多个条目，每个条目约有数百字，把这一专题相关的内容系统而简要地介绍出来。因此，文字简洁，流畅自然，是这套丛书的又一个显著特点。

这套丛书的作者均为西安地区高等学校和文博部门从事多年考古与历史研究的专家学者，对西安地区的历史文化有着深入的研究。每部书所收的专题都经过反复讨论后才最终确定。初稿完成后，又经过了认真的修改完善。因此，内容丰富，知识科学，也是这套丛书的特点之一。

其中《汉长安城》分为 9 大专题，即城墙与城门、殿阁、官署、礼制建筑、市场作坊、里巷街道、苑囿、陵墓、军营等，共百余条目，详细介绍了汉长城近 800 年的都城史以及其兴建、繁荣、衰落的历史过程。

《隋唐长安城》分为 13 个大专题，即总论、三大内、皇城与官署、外郭城、坊市与宅第、庙坛、寺观、风景名胜、井渠、离宫别馆、陵墓、岁时风俗等，一百多个条目，介绍了其作为隋唐两朝都城 300 多年的历史情况以及城市的发展变迁史。

《西安十三朝》以在长安地区建都的西周、秦、西汉、新莽、东汉献帝、西晋、前赵、前秦、后秦、西魏、北周、隋、唐等王朝为专题，每个专题中又分为若干条目，主要围绕着这些王朝的重大事件、典章制度、经济状况、文化成就以及兴衰历史等情况，进行了详细的介绍。

《西安历史名人》共分为 119 个条目，介绍了上至先周时期、下止民国时期 3000 多年间的众多历史人物，包括杰出帝王、名臣将相、政治家、改革家、外交家、旅行家以及为中华民族的发展做出过贡献的各类人物。在详尽介绍其生平情况的同时，着重介绍了其历史贡献以及在我国历史上的地位。

《西安文化名人》共分为 120 个条目，着重介绍了从上古至民国时期以关中为籍贯或者曾在这块土地上生活过的历代文化名人的事迹。包括文学家、音乐家、美术家、书法家、史学家、佛学家、经学家、科学家、剧作家等各类文化名人，除了介绍其生平事迹外，侧重对其在各自领域内所取得的突出成就及其地位进行客观的评价，在一定程度上可以反映我国古代文化史的发展情况。

　　《汉唐丝绸之路》共分为 114 个条目，详细介绍了以长安为起点的丝绸之路沿线的国家民族、城市聚落、历史遗存、道路走向以及中外经济文化交流的情况。除了介绍汉唐时期丝绸之路的发展变化情况外，还对早期丝绸之路的历史进行了介绍。为了响应习主席提出的"一带一路"的战略构想，还专门设计了相关的条目，对其内涵予以介绍。

　　这套丛书的编写与出版，是一种新的尝试，主要目的是想用一种图文并茂、简明易懂的方式介绍西安的历史与文化，以有别于学术著作的晦涩难懂，以满足广大群众了解西安历史的需要。因此此书的出版，无疑有利于宣传西安及陕西的悠久历史和灿烂文化，扩大其影响，同时对西安地区旅游业的发展也将起到积极的推动作用；对古代丝绸之路历史的介绍和"一带一路"的宣传，则有利于广大人民群众对这一伟大战略构想的了解。

　　　　　　　　　　　　　　　　　杜文玉

　　　　　　　　　（中国唐史学会副会长、陕西师范大学教授）

　　　　　　　　　　　　　　2015 年 5 月 15 日

目录 *contents*

后稷
HOUJI

后稷，姓姬，名弃，古代周族的始祖，尧舜时期掌管农业，被尊为农业之神，是中华民族农耕文明的开创者。

据传后稷是帝喾的儿子，帝喾是黄帝的曾孙，古神话传说中的天帝之一。后稷的母亲叫姜嫄，为"有邰"氏族的人，是帝喾的元妃。一次姜嫄出游野外，践踏了一巨人足迹而有身孕。没想到了产期，却生下个怪胎，这就是后稷。姜嫄认为怪胎不祥，会招致灾祸，便将他弃于狭巷之中。也许是神灵护佑，连牛马经过都远远避开而不践踏。姜嫄见状以为神奇，遂将他抱回重新抚养。因最初想抛弃他，便给他起名为"弃"。

后稷像

后稷能因地制宜，适时播种，收割各类农作物，以至周围的百姓都依法仿效，因此而远近传名。帝尧听说后，就聘请后稷为农师，让他管理与指导天下农事。由于他发展农业有功，帝尧封他于邰地，号曰后稷，姬氏，成了周民族的始祖。

相传后稷的故里在今天的陕西省咸阳市武功县。武功县至今仍保留有教稼台，居关中"四大名台"（教稼台、造字台、烽火台、凤凰台）之首，传说这里是后稷教民稼穑的地方，后人为纪念他的功绩而建立此台。

仓颉
CANGJIE

仓颉像

仓颉，原姓侯冈，名颉，俗称"仓颉先师"，号史皇氏。据史书记载，他常观奎星圆曲之势，察鸟兽蹄坑之迹，依其类像之形，首创文字，革除当时结绳记事之陋，开创文明之基，被后人尊奉为"造字圣人""文祖仓颉"。他也是我国官吏制度及姓氏的草创人之一。真实的情况应该是他把流传于先民中的文字加以搜集、整理和使用，在汉字创造的过程中起了重要作用，为中华民族的繁衍和昌盛做出了不朽的功绩。

相传黄帝统一华夏之后，感到用结绳的方法记事满足不了需要，命他的史官仓颉想办法，仓颉苦思冥想了很长时间也没结果。说来凑巧，一天，仓颉正在思索之时，只见天上飞来一只凤凰，嘴里叼着的一件东西，正好掉在仓颉面前。仓颉拾起来，看到上面有一个蹄印，可辨认不出是什么野兽的蹄印，就问正巧走来的猎人。猎人看了看说："这是貔貅的蹄印，与别的兽类的蹄印不一样，我一看就知道。"仓颉听了猎人的话很受启发。他想，万事万物都有自己的特征，如能抓住事物的特征画出图像，大家都能认识，就可以记载事情了。从此，仓颉便注意仔细观察各种事物的特征，譬如日、月、星、云、山、河、湖、海，以及各种飞禽走兽、应用器物，并按其特征，画出图形，造出许多象形字来。仓颉把他造的这些象形字献给黄帝，黄帝非常高兴，立即召集九州酋长，让仓颉把造的这些字传授给他们，于是，象形字便开始传播起来。

　　相传位于渭南市白水县的史官乡是仓颉的出生地，县内的仓颉庙是国内仅存的为纪念文字发明者仓颉而建造的庙宇。根据史料记载，早在东汉延熹年间已有"建庙之举"，并形成一定规模。现西安市长安区郭杜街道长里村北还建有仓颉造字台。

老子
LAOZI

　　老子（约前571—前471年），姓李名耳，字伯阳，谥号聃，又称老聃。楚国苦县厉乡曲仁里（今河南鹿邑）人，是我国古代最伟大的哲学家和思想家之一，道家学派创始人，世界文化名人。后人称其为"老子"（古时"老"字的读音和"李"字相同）。作为我国春秋末期杰出的思想家、政治家、哲学家和文学家，老子不仅是道家学派理论的奠基人，被后来的道教奉为始祖，而且是先秦诸子百家的启蒙者。他的著作《道德经》，即《老

老子像　选自《新刻历代圣贤像赞》万历二十一年胡氏文会堂刻格致丛书本

子》一书，是世界文化宝库中的瑰宝。

他把宇宙万物的本体看作"道"，认为它是超越时空静止不动的实体，是产生整个物质世界的总根源。他在观察社会和自然变化时，又具有朴素的辩证法思想，认为一切事物都处于正反两方面的对立之中，它们互相依存、互相转化。政治上他主张"无为"，企图缓和尖锐的社会矛盾，回到"小国寡民"的理想环境之中。老子的学说对中国哲学和道教发展具有深刻影响，与儒家及后来的佛家思想一起构成了中国传统思想文化的内核。

相传老子在函谷关点化了关吏尹喜后一路西行至盩厔（今陕西西安周至），观此处依山傍水（终南山田峪河）、峰峦起伏，遂在此驻足，并结草为楼修行说经。此地因而被视为道教发源地，至今世称楼观台，内存历代文人骚客墨迹碑石 300 余座。老子羽化后葬于距此 8 公里的西楼观，现存有老子墓。

尹喜（生卒年不详），字文公，号文始先生，或称"关尹"。甘肃天水人，周代楚康王之大夫，道教学说最早的传播者。他自幼通览古籍，精通历法，善观天文，习占星之术，能知前古而见未来。尹喜为函谷关关令时见东方有紫气西来，知有圣人将至。不久老子驾青牛至函谷关，尹喜

尹喜像

迎入官舍，北面师事之。居百日，尹喜以疾辞官，复迎老子至周至楼观台家中，斋戒问道，并请老子著书，以惠后世。于是老子乃著《道德经》五千言以授之。老子仙游后，尹喜乃弃绝人事，按老子所授经法，精修至道，著《关尹子》9篇，发挥道德二经。道教奉其著作为经典，称《文始真经》。因此，尹喜被称为老子大弟子，同时又是《道德经》的传世之人。2000多年来，老子《道德经》在中国乃至世界哲学、政治、军事、史学等学术界影响极为深远，意义非常，在这方面尹喜的功德是无量的。

历代相继在尹喜故宅楼观台建庙立观，度人为道士。至魏晋南北朝时，北方道士云集楼观，形成了奉老子为祖师的楼观派，一直延续至今。现位于陕西西安的周至楼观台为闻名于国内外的道教丛林。

韩非 HANFEI

韩非像

韩非（约前280—前233年），战国时期著名的哲学家、法家代表人物，后世称他为韩非子。他和李斯都是荀子的弟子。韩非是韩国的贵族，当时韩国很弱，常受邻国的欺凌，他多次向韩王提出变法图强的计策，但未被韩王采纳。秦王嬴政读了韩非的文章，极为赞赏。公元前234年，韩非作为韩国的使臣来到秦国，上书秦王，劝其先伐赵而缓伐韩。但因李斯妒忌韩非的才能，进谗言加以陷害，韩非最终被迫服毒自杀。

　　韩非写了《孤愤》《五蠹》等一系列文章，后被集为《韩非子》，现存 55 篇，约 10 余万言。《韩非子》一书，重点宣扬了韩非法、术、势相结合的法治理论，达到了先秦法家理论的最高峰，为秦统一六国提供了理论武器，同时也为以后的封建专制制度提供了理论根据。此书在先秦诸子散文中独树一帜，表现了韩非的唯物主义与效益主义思想，积极倡导君主专制主义理论，目的是为专制君主提供富国强兵的"霸道"思想。

　　韩非第一次明确提出了"法不阿贵"的思想，主张"刑过不避大臣，赏善不遗匹夫"。这是对中国法治思想的重大贡献，对于清除贵族特权、维护法律尊严，产生了积极的影响。

　　韩非的进化历史观在当时是进步的。他把人类历史分为上古、中古、近古、当今几个阶段，进而说明不同时代有不同时代的问题和解决问题的方法，那种想用老一套办法去治理当世之民的人都是"守株"之徒。他看到了人类历史的发展，并用这种发展的观点去分析人类社会。他反对天命思想，主张天道自然，认为人们办事应该尊重客观规律。

　　韩非的政治思想对中国封建统一事业起了积极的推动作用，他的哲学思想包含了唯物主义和辩证法思想，开拓了人们的思路。韩非不愧为中国历史上的大思想家。

尉（魏）缭
WEILIAO

　　尉缭（生卒年不详），战国时期兵家代表人物。原姓魏，名缭，秦王政十年（前 237 年）入秦游说，被任为国尉，因称尉缭。

《尉缭子》

他主张"并兼广大，以一其制度"，为秦王嬴政统一六国立下汗马功劳。相传尉缭懂得相面占卜，认定嬴政的面相刚烈，有求于人时可以虚心诚恳，一旦被冒犯时会变得残暴至极。尉缭认为嬴政欠缺照顾天下百姓的仁德之心，多次尝试逃离嬴政为他安排的住处。

其所著《尉缭子》一书，是中国古代军事学名著，具有重要军事学术价值和史料价值，受到历代兵家推崇。《尉缭子》具有素朴的唯物和辩证思想，大致反映了战国时军队和战争的情况，继承了《孙子兵法》《吴子》有关军事思想。其所论甚广博，颇得用兵之意，对后世有重要影响。但是该书主张重刑、杀戮，甚至称道"善用兵者，能杀卒之半"，可"威加海内"，反映了其治军思想的残暴性。后人将其收进《群书治要》，用于经邦治国，宋代被官定为武学经书，后世兵家多有引述。唐宋时杜牧、何延锡、张预都曾引《尉缭子》文注释《孙子》。

程邈（生卒年不详），字元岑，秦代书法家，隶书的创造者。相传为秦代下邽（今陕西渭南东北）人，因为得罪了秦始皇，被幽禁于云阳（今陕西淳化西北）狱中。他看到当时狱官的木牌用小篆书写很麻烦，就整理民间字体，化繁为简，化圆为方，对

被称为"古隶"的秦隶书

篆书进行改良，创立一种新的字体——隶书。秦始皇看了很欣赏，赦了他的罪，封他为御史。因为程邈是徒隶，所改良之字初期又专供隶役应用，所以这一书体被称为隶书。秦代的隶书为古隶，与汉朝的隶书（今隶）不同。

秦隶线条平直，粗细有致，奠定了楷书的基础，是我国文字史乃至书法史上的一次重大变革。从此，我国文字在形体上逐渐由图形变为笔画，象形变为象征，复杂变为简单，造字原则上从表形、表意到形声，字体结构完全符号化。隶书为后期楷书和其他书体的形成及风格的多样化奠定了基础，在中国文字发展史上意义重大。因此，其创始者程邈居功甚伟。直到如今，隶书仍然是一种常用的字体，并作为一种书法艺术而存在。

陆贾 LUJIA

陆贾（约前240—前170年），汉初楚国人。西汉初期的政治家、文学家、思想家。

秦末汉初，陆贾随刘邦起事，因其有口才、善辩论，常为刘邦出使各国。因其早期游说秦将，刘邦才得以攻破武关，取得关中之地。高祖十一年（前196年），他奉命出使南越（今两广一带），

汉大中大夫

陆贾像

招谕赵佗臣属汉朝，对于安定国内局势、沟通南越与中原地区的经济文化起了良好的作用。高祖死后，陆贾在参与诛灭诸吕、迎立文帝刘恒等方面出力颇多。文帝即位后，陆贾再次出使南越，劝说自称南越武帝的赵佗废去帝号，重新恢复与中原的臣属关系。

陆贾总结秦朝灭亡及历史上国家成败的经验教训，著《新语》一书。每奏一篇，高祖无不称善。陆贾思想融会黄老道家及法家思想，而归本于儒家的仁义观。主张行仁义、法先圣，无为而治、不废有为，文武并用、德刑相济，天人感应、规限人君等等，使儒家学说更加适应汉初政治统治的需要。陆贾在西汉初期儒学的发展演变过程中发挥了重要的作用，成为由先秦儒学向汉代儒学转变过程中不可或缺的链环。后人称《新语》开启贾谊、董仲舒的思想，是汉代确立儒家思想统治地位的先声。

陆贾墓位于陕西省永寿县店头镇桃花塬边。旧有清代陕西巡抚毕沅书"汉太中大夫陆公贾墓"石碑一通。1981年被列为陕西省第一批文物保护单位。

司马谈（？—前110年），西汉夏阳（今陕西韩城芝川镇）人，司马迁之父。西汉史学家，博学多才，曾从著名天文学家唐都学习天文学，跟哲学家杨何学习《易经》，亦熟习黄老之学。

司马谈于汉武帝建元年间（前140—前135年）任太史令，掌管国家图书典籍、天文历算并兼管文书和记载大事，对先秦的思想发展史作过广泛的涉猎和研究，将阴阳、儒、墨、名、法各家思想研究整理撰成《论六家要旨》，对各学派的特点作了深刻的分析和确切的评价。他认为各家皆有长短，唯道家最能综合各学派之长，可谓"立俗施事，无所不宜"。《论六家要旨》至今仍是研究先秦思想史、哲学史的珍贵文献。其六家之说，不仅对后来司马迁给先秦诸子作传具有重要的启示和借鉴意义，也为西汉末期名儒刘向、刘歆父子给先秦诸子分类奠定了基础。

司马谈早年便立志撰写一部通史，他在任太史令期间，接触到大量的图书文献，广泛地涉猎了各种史料。武帝元封元年（前110年），他随同汉武帝赴泰山封禅，途中身染重病，留在洛阳。在弥留之际，司马谈对赶来探望的儿子司马迁谆谆教诲，嘱咐他一定要继承父志，完成通史的写作。司马谈生前虽未能完成通史的撰写，但却为《史记》的撰写做了大量的准备工作，积累了大量的第一手资料，确立了部分论点。司马迁《史记》中的《刺客列传》《郦生陆贾列传》《樊郦滕灌列传》《张释之冯唐列传》诸篇之赞语，即为司马谈之原作。

赵禹
ZHAOYU

赵禹（？—约前100年），右扶风斄县（今陕西武功西南）人，西汉大臣，法学家。

赵禹早年文笔犀利，获得武帝赏识，为人廉洁奉公，性情倨傲。司马迁《史记·酷吏列传》载："禹为人廉倨。为吏以来，舍无食客。公卿相造请禹，禹终不报谢，务在绝知友宾客之请，孤立行一意而已。"成语"一意孤行"即来源于此。景帝时周亚夫为丞相，赵禹任丞相史。丞相府中人皆称他廉能、公平，评价甚好，但周亚夫不肯重用他，认为他执法甚严，不可任高官。汉武帝时，他以刀笔吏迁为御史。因有治狱才能，任中大夫。后奉命与张汤修订国家律令，升任廷尉。赵禹对前代法律条文有较深的研究，综合西汉政治经济需要，协助张汤编定《越宫律》二十七篇，并撰写《朝律》六篇，为汉初四部主要法典之一，使汉朝的法律趋于严密。因为他执法严格，所以司马迁在撰《史记》时把他和张汤列入酷吏传中。后因年老调任燕相，被以"悖乱有罪"罪名免官，归家十多年后而卒。

董仲舒
DONGZHONGSHU

董仲舒（前179—前104年），西汉广川（今河北衡水景县广川镇）人。汉代思想家、哲学家、政治家、教育家，儒家思想的代表人物。他以《公羊春秋》为依据，将周代以来的天道观和阴阳、

董仲舒像 选自《新刻历代圣贤像赞》万历
二十一年胡氏文会堂刻格致丛书本

五行学说结合起来，并吸收法家、道家、阴阳家思想，为儒家建立了一个新的思想体系。

汉武帝即位后，让各地推荐贤良饱学之士，董仲舒被推举参加策问。他在《举贤良对策》中系统地提出了"天人感应""大一统"学说和"罢黜百家，表彰六经"的主张。汉武帝连续对董仲舒进行了三次策问，基本内容是天人关系问题，所以称为"天人三策"。董仲舒在对策中详细阐述了"天人感应"的主张，论述了神权与君权的关系，并提出了"罢黜百家，独尊儒术"的建议。从此，武帝将儒学作为正统思想，并在中央设立五经博士，明经取士。儒学自此成为中华文化的基础，影响长达2000多年。因此董仲舒被视为"儒者之宗"。

董仲舒早年用功读书，30岁起广招门生，宣扬儒家经典，为西汉统治者培养了大批儒学人才。他的儒家宗法思想、"大一统"理论、"天人感应"、"以德治国"，都成为汉代的官方统治思想。董仲舒的著作很多，有100多篇文章、词赋传世，尚存的有《天人三策》《士不遇赋》《春秋繁露》及严可均《全汉文》辑录的文章两卷。

汉武帝太初元年（前104年），董仲舒于家中病卒，葬于西汉京师长安，墓地现位于西安和平门内。为了表彰其对汉王朝的贡献，汉武帝特在其墓前下马致意，由此，董仲舒的墓地又称为"下马陵"，沿袭至今。

东方朔
DONGFANGSHUO

东方朔（前154—前93年），本姓张，字曼倩，西汉辞赋家。汉武帝即位，征四方士人。东方朔上书自荐，诏拜为郎。后任常侍郎、太中大夫等职。他性格诙谐，言辞敏捷，滑稽多智，常在武帝前谈笑取乐。他曾言政治得失，陈农战强国之计，但武帝始终把他当俳优看待，不予重用。

东方朔一生著述甚丰，有《答客难》《非有先生论》等名篇，

东方朔像　选自《新刻历代圣贤像赞》万历二十一年胡氏文会堂刻格致丛书本

亦有后人假托其名作文。明人张溥汇为《东方太中集》，收入《汉魏六朝百三家集》中。司马迁在《史记》中称他为"滑稽之雄"，晋人夏侯湛写有《东方朔画赞》，对东方朔的高风亮节以及他的睿智诙谐倍加称颂。东方朔是中国历史上隐居于朝堂、以幽默诙谐方式和帝王相处的典范。

司马迁
SIMAQIAN

司马迁（前145—前90年），字子长，西汉左冯翊夏阳（今陕西韩城）人，我国著名的史学家和文学家。他撰写的《史记》被公认为中国史书的

司马迁像 选自明弘治刻本《历代古人像赞》

典范，因此被后世尊称为"史迁""太史公""历史之父"。

司马迁出身史学世家，10岁能诵古文，曾随董仲舒、孔安国等当时顶尖学者学习，受到良好的教育和熏陶。二十而游历天下，饱览祖国名山大川，探访古迹传说。后随武帝东封泰山，西征巴蜀以南。元封三年（前108年），司马迁承袭父职，任太史令，得以遍阅国家藏书、典籍和文献资料，为其编撰《史记》打下坚实基础。汉武帝太初元年（前104年），司马迁参与制定"太初历"，该历法改变了秦代使用的"颛顼历"以十月为岁首的习惯，而改以正月为岁首，从而奠定了其后两千年来所尊奉的历法基础。

汉武帝天汉二年（前99年），李陵作战失利，兵败被俘，投降匈奴。身为太史令的司马迁因替李陵败降之事辩解而获罪，为了完成《史记》的撰写，他忍辱受宫刑。出狱后，他发愤撰写史书，"究天人之际，通古今之变，成一家之言"，最终完成了中国第一部纪传体通史——《史记》。

《史记》记载了上自传说时代的五帝、下讫汉武帝太初年间三千年的历史，包括十二本纪、十表、八书、三十世家、七十列传，共一百三十篇，五十二万六千余字，被称为"史家之绝唱，无韵之离骚"。《史记》是我国古代历史文化宝库，开创了纪传体史书的先河，历代史官不能易其法，学者不能舍其书，对我国古代的历史编撰学和学术思想影响巨大。

太史公祠、墓现存于陕西韩城芝川镇南塬上，芝川镇西塬上徐村有司马迁故里、祖墓碑。至今韩城人仍有每逢节日就祭拜司马迁的习俗，传说可以保佑远行之人，尤其是保佑远行的士人举子得到平安与功名。

霍光
HUOGUANG

霍光（前130—前68年），字子孟，河东平阳（今山西临汾）人，西汉权臣、政治家，历经汉武帝、汉昭帝、汉宣帝三朝，先后任郎官、曹官、侍中、奉车都尉、光禄大夫、大司马、大将军等职位，封博陆侯。

公元前87年，汉武帝病逝。按照汉武帝的遗嘱，由大将军霍光来辅助年仅8岁的汉昭帝，史称"霍光辅政"。元平元年（前74年）夏

霍光像 选自《新刻历代圣贤像赞》万历二十一年胡氏文会堂刻格致丛书本

四月癸未日，年仅21岁的汉昭帝驾崩，无子。霍光迎立汉武帝孙昌邑王刘贺即位，27天后又以其淫乱无道报请上官太后废掉他，另立汉武帝的曾孙刘询，即汉宣帝。霍光作为臣子废立皇帝，传统史家将他的行为与商朝名臣伊尹放太甲于桐宫的故事相提并论，称为"伊霍"，后世往往以"行伊霍之事"代指权臣摄政废立皇帝。

霍光作为昭宣中兴时期秉政时间最长的执政者，对于这一治

世的出现有着不可抹杀的功劳，他废昌邑王而改立的汉宣帝也是中国历史上杰出的统治者。霍光死后陪葬武帝茂陵。

萧望之
XIAOWANGZHI

萧望之像

萧望之（约前114—前47年），字长倩，西汉大臣，东海兰陵（今山东兰陵县兰陵镇）人，徙杜陵（今陕西西安东南）。

萧望之自幼好学，通达五经，是当时著名的经学家，主治《齐诗》，兼学诸经，是汉代《鲁论语》的传人。他为人正直，不事逢迎。汉宣帝时，曾被推荐给大将军霍光，因看不惯霍光的倨傲，所以不得霍光重用。霍光卒后，始得升迁。宣帝赏识其才学，任其为太子太傅，以儒家经典教授太子（即汉元帝）。萧望之建议和亲乌孙，善待归附的匈奴呼韩邪单于，使边境获得较长时间的安定。

甘露三年（前51年），萧望之在长安未央宫殿北石渠阁皇家图书馆，主持召集诸儒讲"五经"同异，并加评议。宣帝崩，遗命萧望之为辅佐大臣。萧望之主张重用贤臣，革除弊政，却遭宦官弘恭、石显等诬告下狱，愤而自杀。

白公
BAIGONG

白公（生卒年不详），汉赵中大夫，我国古代著名的水利学家。

西汉武帝太始二年（前95年），因当时关中著名水利工程郑国渠竣工已逾百年，年久失修，效益大减，长安粮荒严重。白公奏请在郑国渠以南再穿凿渠道灌溉农田，引泾水，起谷口（今王桥镇西北5公里处），入栎阳（今临潼区栎阳镇东北10公里处），注渭水，长200里，溉田4万余顷，是关中地区古代著名水利工程。为纪念白公功绩，该渠被命名为"白公渠"，又与郑国渠合称"郑白渠"，百姓习惯称其为"白渠"。由于泾河含有较多泥沙，白渠也为关中平原农田带来了肥沃的沉积土壤。时人赞曰："泾水一石，其泥数斗。且溉且粪，长我禾黍。衣食京师，亿万之口。"白公渠从公元前95年一直使用到晚清，是引泾诸渠中使用最久的。

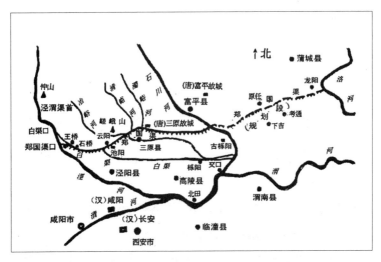

郑白渠

班彪（3—54年），字叔皮，扶风安陵（今陕西咸阳）人，东汉史学家。班彪是班固、班超和班昭的父亲，出身于汉代显贵和儒学之家：祖父班况，汉成帝时为越骑校尉；父班稚，汉哀帝时为广平太守；姑母班婕妤是汉成帝嫔妃。班彪从小好古敏求，游学不辍，博学多识。

西汉末年，班彪避乱至河西依附隗嚣，作《王命论》欲劝说隗嚣归依汉室，未能如愿，后从大将军窦融东投光武帝刘秀。东汉初，举茂才，任徐县令，因病免官，专力从事于史学著述。

班彪有志续撰《史记》，广泛采访，收集史料，作《史记后传》六十五篇，斟酌前史，纠正得失，为后世所重，为其子班固修成《汉书》奠定了基础，《汉书》中《元帝纪》《成帝纪》皆为班彪原作。同时，他还对《史记》进行了详尽的评论，其观点对《汉书》的编撰影响颇深。卒于建武三十年（54年）。

贾逵（30—101年），字景伯，扶风平陵（今陕西咸阳西北）人，东汉著名经学家、天文学家。

贾逵一生，著作等身，所撰经传义诂及论难达百余万言，又

贾逵像

作诗、颂、诔、书、连珠、酒令凡九篇，"学者宗之"，被称为"通儒"。汉明帝时拜为郎，章帝时先后在北宫白虎观、南宫云台观讲学。汉和帝时任左中郎将，迁侍中，领骑都尉。后因年老自请辞官，卒年72岁。

贾逵善思渊博，精通经学。明帝时，虚言谶语横行，贾逵献所作《春秋左传解诂》《国语解诂》，力斥术数谶纬之学。汉章帝时，屡次奏称《古文尚书》应与《尔雅》相应，提高了古文经学的地位。贾逵得到章帝的支持，广为传授古文经学，许慎、崔瑗等均为其弟子。

贾逵是我国古代天文学承上启下的关键人物，做出了杰出贡献。他首先发现月行九道的规律，主张历法必须不断改进，并对前人所定冬至点做了纠正。贾逵是世界上最先利用黄道坐标测量天体位置的天文学家，他用黄道坐标测算日月运行轨道，明确指出月球的运行速度为不等速。

班固（32—92年），字孟坚，汉族，扶风安陵（今陕西咸阳）人，东汉著名史学家、文学家。

孟坚溪书二十余年 始成当世甚重其书学者莫不调诵 谓其文赡而事详 又稱其序事不激詭 不抑抗贍而有 體侦讀之者亹亹而不愿云

班固像 选自上官周《晚笑堂画传》

班固出身儒学世家，9岁即能属文，诵诗赋；16岁入太学，博览群书，对儒家经典及历史无不精通。其父班彪采集前史遗事，著《史记后传》数十篇。班固继承父业，前后历时二十余年，撰写了中国历史上第一部断代史著作——《汉书》。《汉书》是继《史记》之后中国古代又一部重要的史书，开创了纪传体断代史的新体例，与《史记》《后汉书》《三国志》并称为"前四史"。全书记述了上起汉高祖元年（前206年），下至新朝王莽地皇四年（23年）共230年的史事。《汉书》在构书体系上取得了重大突破，规矩法度清晰、体例整齐合理，更易使人效法，开启了官方修史的端绪。

汉和帝永元元年（89年），大将军窦宪率军北伐匈奴，班固随军出征，任中护军、行中郎将，参议军机大事，大败北单于后撰下著名的《封燕然山铭》。后窦宪因擅权被杀，班固受株连，死于狱中，时年61岁。

班固一生著述颇丰。作为史学家，《汉书》是继《史记》之后中国古代又一部重要史书，"前四史"之一；作为辞赋家，班固是"汉赋四大家"之一，《两都赋》开创了京都赋的范例，列入《文选》第一篇；同时，班固还是经学理论家，他编撰的《白虎通义》，集当时经学之大成，使谶纬神学理论化、经典化。

班昭
BANZHAO

班昭像　选自明《千秋绝艳图》，现藏中国历史博物馆

班昭（45—117年），又名班姬，字惠班，扶风安陵（今陕西咸阳）人，东汉史学家、文学家，也是中国第一个女历史学家。史学家班彪之女、班固之妹。自幼聪明好学，熟读经史，知识渊博。14岁嫁同郡曹世叔为妻，故后世亦称"曹大家（家通姑）"。汉和帝多次召班昭入宫，为皇后和众嫔妃教授经典及天文数算知识。

班昭博学高才，其兄班固著《汉书》，未竟而卒，班昭奉旨入东观藏书阁，续写《汉书》。她系统整理班固的手稿，补写了八表，补撰了《天文志》，完成了《汉书》的全部编撰工作。《汉书》初出，她又亲自向马融等人传授，使之广为传播。邓太后临朝执政后，曾参与政事。汉安帝原初七年（120年），因病而卒，时年72岁。

班昭不仅是一位史学家，同时也是一位杰出的文学家。其作品辑为《大家（gū）集》三卷。《女诫》七篇是她论述封建社会女性道德和情操修养的文章，对后世影响很大。

杨震
YANGZHEN

杨震（54—124年），字伯起，弘农华阴（今陕西华阴东）人。东汉时期名臣。早年家贫，以耕种养母，刻苦勤学，师从

杨震像 选自明王思义《三才图会》

太常桓郁，深入研究经学经典，被时人誉为"关西孔子"。

公元100年前后，他50岁时，始为小吏，步入仕途。时大将军邓骘掌权，闻知杨震才高学富，召为从事，举茂才。历荆州刺史、东莱太守、涿郡太守。

安帝元初四年（117年）被召入朝，为太仆，迁太常、司徒。延光二年（123年），为太尉。任内因正直不屈权贵，又屡次上疏直言时政之弊，为中常侍樊丰等所忌恨。延光三年（124年），被罢官，遣返回乡，途中饮鸩而卒。顺帝继位，下诏平反。

杨震为政清廉，刚正不阿，生活简朴，不徇私情。虽至高位，家人子孙皆布衣蔬食，出入步行。在赴任东莱太守时，途经昌邑县，县令王密为其在荆州任上荐举的茂才，感恩谒见，至夜深，以十斤黄金相赠，被他正色拒绝。王密认为暮夜无人知，杨震说："天知，神知，我知，子知，何为无知？"此语成为中国历史上拒绝贿赂的经典名言，影响深远。

马融 MARONG

马融（79—166年），字季长，扶风茂陵（今陕西兴平东北）人，东汉时期著名经学家、教育家。

马融像

马融历任校书郎、郡功曹、议郎、大将军从事中郎及武都、南郡太守等职，后因得罪大将军梁冀而被剃发流放，途中自杀未遂，得以免罪召还。再任议郎，又在东观校勘儒学典籍，后因病离职。延熹九年（166年），马融去世，享年88岁。

马融才高，学识渊博，是当世的通儒，长于古文经学。他长期在东观校书著述，善于吸取前人的学术研究成果，综合各家之学，遍注古文经典，能融会众家之长，兼采古今诸家，多有创见。在儒家经学的发展史上，他综合各家而形成的注经成就，使古文经学开始达到成熟，带领汉代经学发展至新的时期。马融的经学著作多已散佚。清人编的《玉函山房丛书》《汉学堂丛书》都有辑录。另有赋颂等作品，有集已佚，明人辑有《马季长集》。

马融是著名的儒学教育家，设帐授徒，门人常有千人之多。卢植、郑玄等都是其门徒。他性格放达任性，不为儒者的小节所拘。房屋器用衣物崇尚奢侈，常常坐高堂，挂红纱帐，前面教授门徒，帐后设置女乐。他前授生徒、后列女乐的做法，对以后魏晋清谈家产生了一定的影响。他还擅长鼓琴，好吹笛，作有《长笛赋》。

贞观二十一年（647年），唐太宗诏令历代先贤先儒22人配享孔子，其中就包括马融。宋代时马融被追封为扶风伯，得以从祀孔庙。马融祠建于清代，位于陕西咸阳市杨陵区五泉镇毕公村。

李固
LIGU

李固像

李固（94—147年），字子坚，汉中南郑（今属陕西汉中）人，东汉时期著名学者。

早年嗜学，不远千里，步行拜师，博览经典，学识渊博，结交四方名士。州郡多次举他为孝廉，他辞而不受。顺帝时征询时政弊端，李固对策疏中指陈时弊，切论外戚宦官专权之祸。后任荆州刺史、太山太守，成功平息两地的叛乱，吏民感佩，州内安定。顺帝驾崩后为梁皇后所倚重，升任太尉，受到梁冀的忌恨。冲帝卒后，他主张立年长的清河王刘蒜为帝，遭梁冀反对，立年幼的刘缵（即汉质帝）。梁冀因质帝指其为"跋扈将军"，毒死质帝。李固与梁冀争辩，不肯立刘志（即汉桓帝）为帝，最后遭梁冀诬告杀害，时年54岁。

李固秉性耿直，不趋炎附势，对政治问题卓有见识。在东汉外戚专权、宦官干政的政权格局中力图正本清源，虽未能成功，其思想却得到后世的称颂。其弟子赵承等人将其言论编辑成《德行》一书，留下许多脍炙人口的名句。

梁鸿（生卒年不详），字伯鸾，东汉扶风平陵（今陕西咸阳西北）人，我国历史上知名度甚高的隐士。

梁鸿
LIANGHONG

梁鸿像

梁鸿幼年家境贫穷，父死以席葬，生活无依，曾养猪为生。受业于太学，刻苦读书，知识渊博。归家后，娶妻孟光，共同隐居，男耕女织。后梁鸿东游，过洛阳，见帝王宫殿富丽堂皇，人民却困苦不堪，有感而作《五噫歌》，讥讽统治者的荒淫奢侈，章帝闻知大怒，下令追捕。梁鸿被迫隐姓埋名，与妻逃亡至山东，后又南下江浙，为人佣工。每当他耕作归来，其妻孟光总是将粗陋的食物放在木托盘里，举到眉毛的高度，低着头，端端正正地捧给梁鸿。"举案齐眉"的佳话一直流传到今日。《后汉书·逸民传》里收录梁鸿存世的三首诗，即《五噫歌》、《适吴诗》和《思友诗》，余皆失传。

杨修 YANGXIU

杨修（175—219年），字德祖，弘农华阴（今陕西华阴东）人，东汉末年文学家。

杨修出身世代簪缨之家，《后汉书》说"自震至彪，四世太尉"。少年聪敏好学，有俊才，建安年间举为孝廉，任郎中，为汉相曹操府主簿。后被曹操杀害，死于公元219年，卒时方44岁。

当时曹操掌军国大事，杨修负责内外之事，为曹操所赏识。《世说新语·捷悟篇》记载了四则杨修展才之事，他的才华连曹操都自叹不如。曹植、曹丕等王子都与他相交甚密。曹操立长子曹丕为嗣，曹植失宠，而杨修仍与其交往，为曹操所恶。其恃才傲物更令曹操不喜。

曹操出兵攻打汉中郡，连吃败仗。欲进兵，怕马超拒守；欲收兵，又恐蜀兵耻笑，进退不得。因传"鸡肋"口令，杨修见令，便让随行军士收拾行装，并向将士解释此令为回师之意。曹操早就恨杨修才高于己，屡次猜透自己心事，便以动摇军心定罪，杀了杨修。杨修成为中国历史上"聪明反被聪明误"的代表，而曹操因此获得忌才恶名。

杨修著作有赋、颂、碑、诗、辞、书等十五篇传世，原有集，已佚。

韦诞（179—253 年），字仲将，京兆（今陕西西安）杜陵人，三国魏大臣，著名的书法家。

韦诞建安年间为郎中，太和年间任武都太守。正始年间因其善书，迁侍中、中书监，以光禄大夫致仕。卒于家，享年75岁。

韦诞有文采，善辞章；并以书法闻名天下，尤善草书。早年师张芝，

韦诞像 选自《中国历代人物像传》

兼学邯郸淳的书法。他能书各种书法，尤其精通题署匾额。魏明帝青龙年间（233—236 年），洛阳、许昌、邺三都，宫殿、亭观

刚刚落成，明帝传下诏书，命令韦诞题署匾额，作为永久的法度。修建凌云殿工匠误先上匾额，遂以辘轳牵引韦诞，使其在离地面二十五丈的高度书写匾额。竣工之日，韦诞须发皆白。韦诞的书法如龙盘虎踞，剑拔弩张。韦诞还擅长制笔、做墨，"工欲善其事，必先利其器"正是他的名言。所著《笔方》一文，详细叙述制笔方法，是研究我国毛笔制作技术的宝贵资料。《隋书·经籍志》录有其文集三卷，已佚。

马钧（生卒年不详），字德衡，三国时魏国扶风（今陕西兴平）人，中国古代科技史上杰出的机械制造家、发明家，约魏文帝至魏明帝时在世。

马钧年幼时家境贫寒，读书甚少，有口吃的毛病，不擅言谈；但是他善于思索，勤于动手，注重实践，尤其喜欢钻研机械方面的问题。在传动机械方面造诣很深，有"天下之名巧"的美誉。他善于发明机械、武器，比较关心生产工具的改革，曾奉魏明帝之命监督崇华殿的建造。

马钧一生刻苦钻研，设计制造出多种机械。魏明帝时，改造了织绫机，提高工效四五倍。在洛阳时，又发明了新式提水工具——排灌水车，名叫"翻车"，它利用各种外力将水由低处提到高处。翻车结构轻巧灵便，工作效率高，将原来的水车功效提高了数倍，成为当时世界上最先进的生产工具之一。他还研究制造出指南车，改进了诸葛亮的连弩，改进了攻城用的发石车。他制造的"水转百戏"，以水为动力，以机械木轮为传动装置，使木偶可以自动表演，构思十分巧妙。

马钧是中国古代的机械大师，他的不少发明创造对当时生产力的发展起了相当大的作用。

翻车

鸠摩罗什
JIUMOLUOSHI

鸠摩罗什（344—413年），一译"鸠摩罗什（耆）婆"，略称"罗什"或"什"，意译"童寿"。后秦僧人，佛教四大译经家（玄奘、义净、真谛、鸠摩罗什）之一。

鸠摩罗什像 选自《佛祖道影》

父鸠摩罗炎出身天竺望族，母为龟兹王妹。罗什出生于西域龟兹国（今新疆库车），7 岁随母出家，博通大乘小乘，讲经说法，在西域名声大震。前秦苻坚闻其名，于建元十八年（382 年）遣吕光西破龟兹，以迎鸠摩罗什。前秦败亡后，他留住凉州。后秦弘始三年（401 年），姚兴攻伐后凉，亲迎罗什入长安，以国师礼待，并在长安组织了规模宏大的译场，请罗什主持译经事业。

鸠摩罗什深通佛理，又精通汉、梵两种文字，组织译出的佛经，既能明确表达梵文原意，又能做到行文流畅、字句优雅，令佛教徒无不信服赞赏。经十余年努力，共译经三百多卷。这是中国历史上第一次大规模翻译外国经书，成为中外文化交流史上的一大盛举。鸠摩罗什所译经论影响很大，其中"三论"（《中论》《十二门论》《百论》）、《成实论》、《法华经》、《阿弥陀经》分别成了三论宗、成实宗、天台宗、净土宗所依据的主要经典，促进了佛教文化的传播。

鸠摩罗什在长安初居西明阁及逍遥园，后居草堂寺（今陕西户县草堂营村）。据《释氏要览》载：鸠摩罗什"于大寺中构一堂，以草苫盖，于中译经"，草堂寺之名由此而来。在译经的同时，鸠摩罗什还常在草堂寺讲解佛经。姚兴及朝臣、沙门经常肃容观听，"公卿以下莫不钦附，沙门自远而至者五千余人。起浮图于永贵里，立波若台于中宫，沙门坐禅者恒有千数"。弘始十五年（413 年），鸠摩罗什圆寂，葬骨草堂寺并建造一塔。今舍利塔仍存。

法显
FAXIAN

法显像 选自《佛祖道影》

法显（334—422年），俗姓龚，后赵平阳郡武阳（今属山西临汾）人，东晋僧人、旅行家和翻译家。

法显3岁出家，20岁受比丘戒。他常慨叹律藏残缺，誓志寻求。为维护佛教"真理"，矫正时弊，年近古稀的法显毅然决定西赴天竺（古代印度），寻求戒律。东晋安帝隆安三年（399年），年已65岁的法显从长安（今陕西西安）出发，向西进发，经新疆、穿越塔克拉玛干大沙漠、越过大雪山（即喜马拉雅山），经无数艰难困苦，终于抵达印度。法显足迹遍历北、西、中、东天竺，又至狮子国（今斯里兰卡），求取佛法。后取海路回国，于义熙八年（412年）达青州长广郡牢山（今山东青岛崂山）附近登陆，转取陆路，于义熙九年（413年）到达建康（今南京）。前后凡14年，游30余国，携带回很多梵本佛经。南朝宋永初三年（422年）法显圆寂于荆州辛寺。

义熙九年（413年），法显在京都建康道场寺与古印度僧人佛陀跋陀罗从事翻译，前后译出《摩诃僧祇律》四十卷、《僧祇比丘戒本》一卷、《僧祇比丘尼戒本》一卷、《大般泥洹经》六卷、《杂藏经》、《杂阿毗昙心论》等，共计百万余言。他翻译的《摩诃僧祇律》，也叫大众律，为五大佛教戒律之一，对后来的中国佛教界产生了深远的影响。在抓紧译经的同时，法显还将自己西行取经的见闻写成了一部不朽的世界名著——《佛国记》，又称《法显传》《历游天竺记传》《佛游天竺记》等。全文9500多字，书中记述的地域甚广阔，对所经中亚、印度、南洋约三十国的地理、交通、宗教、文化、物产、风俗乃至社会、经济等都有所述及，是中国和印度间陆、海交通的最早记述，也是中国古代关于中亚、印度、南洋的第一部完整的旅行记，在中国和南亚地理学史和航海史上占有重要地位，是今日研究古代中亚、南亚历史、地理、风俗和佛教等的重要资料。

法显是中国经陆路到达印度并由海上回国而留下记载的第一人，他以年过花甲的高龄，完成了穿行亚洲大陆又经南洋海路归国陆海旅行的惊人壮举，他留下的杰作《佛国记》，不仅在佛教界受到称誉，也得到了中外学者的高度评价。

苏蕙
SUHUI

苏蕙像

苏蕙（357—？），字若兰，扶风始平（今陕西咸阳武功）人，前秦苻坚时的女诗人，魏晋三大才女之一，回文诗之集大成者，以创作用不同颜色的丝线绣制的织锦回文诗《璇玑图》闻名。

苏蕙从小天资聪慧，3岁学字，5岁学诗，7岁学画，9岁学绣，12岁学织锦，16岁时嫁于秦州（今甘肃天水）刺史窦滔。

前秦苻坚时，窦滔入仕，政绩显著，屡建战功，升任秦州刺史。后窦滔另寻新欢，宠爱歌舞妓赵阳台，此事被留在家乡的苏蕙得知。她悲愤怨恨，吟诵成诗，并将所写诗词编排整理，暗藏在29行、29列的文字里，织绣成841字的锦绣回文图，名曰《璇玑图》。璇玑，原意是指天上的北斗星，取名璇玑是指这幅图上的文字排列得像天上的星辰一样玄妙而有致。《璇玑图》织好后，苏蕙派人送给窦滔。窦滔读了这些情意真挚、精致悲切的诗文，良心发现，从此夫妻情好如初。

《璇玑图》被后代诸多名家解读，其中唐朝武则天专门为《璇玑图》撰写序文，宋代才女朱淑真有《璇玑图记》。关于《璇玑织锦诗》的读法，历代也有探新。宋元年间，起宗道将全诗分为七图，读出3752首诗；到了明朝，经史学家康万民从七图中又分出一图，得诗4206首。后人又推读出7958首。《璇玑图》是文学史上的奇迹，开创了中国古代回文诗的写作类型，后代文人多有模仿。据载，苏蕙除《璇玑图》诗文外，还有诗作五千多首，可惜都已散佚。

僧肇
SENGZHAO

僧肇（384—414年），俗姓张，京兆（今陕西西安）人，东晋佛教思想家。他集中国传统文化及印度龙树的中观学精髓于一身，将般若中观思想中国化，是中国"三论宗"的第二祖，其思想"切近龙树学的正义"。其所著《肇论》在中国佛教史上具有崇高的地位，至今仍被众多佛家弟子和佛学专家研读。

僧肇幼年家贫，以抄书为生，广读经史子集，原崇信老庄，读《维摩经》，欣赏不已，遂从鸠摩罗什出家，并成为其得意门生。他"学善《方等》，兼通三藏"，才思幽玄又善谈说，不到20岁即"名振关辅"，与道融、僧睿、道生合称"关中四杰"，成为鸠摩罗什门下"十哲"之一，曾先后在姑臧（今甘肃武威）和长安参加鸠摩罗什的译经工作，评定经论。

僧肇著作多种，尤以《肇论》著名，后来成为三论宗的重要典籍。《肇论》由《物不迁论》、《不真空论》、《般若无知论》和《涅槃无名论》等四篇论文组成，将《老子》、《庄子》与《维摩经》沟通起来，融合道家玄学有无相生、动静相合等思想，以般若代道，以色空代有无。他把般若性空学说发展到深邃精巧的水平，创立了具有中国特色的佛教唯心主义哲学体系，是佛教中国化的重要推动者。

智猛
ZHIMENG

智猛（？—453年），雍州新丰（今陕西西安临潼区）人。南北朝时期著名僧人、佛教旅行家、翻译家。

智猛幼年出家，专志修业，日夜诵经，崇仰释迦牟尼。听闻外来沙门说天竺有释迦遗迹和各种经文，于是立志远游。后秦弘始六年（404年），他联结了15名僧人，从长安（今陕西西安）出发，西行取经。到达帕米尔高原时有人畏难而返，只剩4人翻越雪山到达印度。历访迦维罗卫国、摩揭陀国、华氏城之佛迹。南朝宋元嘉元年（424年），自天竺返回，同行之僧或退或死，归途唯昙纂一人为伴。元嘉四年（427年）回到凉州，译出《大般泥洹经》二十卷。元嘉十六年（439年）七月于钟山定林寺作《外国传》四卷，详细记述自己西行往返见闻游历事迹。元嘉末年于成都去世。

智猛和尚在中国佛教史上有重要的地位，当时西行诸贤，只有智猛在天竺停留最久，竟长达37年。他回国偕梵本甚多，最著名的是《僧祇律》和《大涅槃经》等，对当时中原佛教影响极大。

姚思廉（557—637年），字简之，一说名简，字思廉，祖籍吴兴（今浙江湖州）。陈朝灭亡后随父迁往长安，故《旧唐书》《新唐书》中《姚思廉传》均称其为京兆万年（今陕西西安长安区）人。唐初史学家。

姚思廉像

姚思廉出身世家，其父即为当时著名学者姚察，家中藏书丰富。他少时即喜好史学，聪颖勤奋，努力读书，打下了深厚的史学基础。

姚思廉一生经历了陈、隋、唐三个朝代。陈时，为衡阳王府法曹参军；入隋后，补汉王府行参军，掌记室，寻除河间郡司法。隋炀帝大业十三年（617年），李渊率兵占领长安，当时姚思廉任镇守长安的隋炀帝孙子代王杨侑的侍读。代王府僚属都惊骇走散，唯独姚思廉不离左右。唐兵进入王府，见思廉独自一人伴随代王而面无惧色，心中也觉钦佩。李渊闻知，准许思廉扶代王下堂。代王被安置到顺阳阁后，思廉才哭泣拜辞而去。入唐后，授秦王府文学，为秦王府"十八学士"之一。贞观初迁著作郎、弘文馆学士。贞观九年（635年）拜散骑常侍，赐爵丰城县男。姚思廉对于政事"直言无隐"，督促太宗勤于国事。姚思廉去世后，唐太宗深为哀悼，为之废朝一日，赠太常卿，谥号"康"，特准许陪葬于昭陵。

姚思廉主要建树是在史学方面。隋大业五年（609年），姚思廉奉隋炀帝之命，与起居舍人崔祖浚修撰250卷的历史地理著作《区宇图志》。姚思廉费时数十年撰写的重要史著，当推继承父业而成的《梁书》《陈书》。其父姚察在陈宣帝时开始修前代史——梁史，陈亡入隋后，开皇九年（589年），隋文帝诏授姚察秘书丞，命其撰梁、陈二代史。大业二年（606年）姚察去世，二史尚未修成。思廉接受父命，开始续撰工作。贞观三年（629年），唐太宗诏修前代五史，思廉受诏与秘书监魏徵同撰梁、陈二史。贞观十年（636年）正月，《梁书》《陈书》修成上进。《梁书》五十六卷，记载了梁天监元年（502年）至陈永定元年（557年）共五十六年的历史。《陈书》三十六卷，记载了陈永定元年至祯明三年（589年）共三十三年的历史。这两部书是关于梁、陈二代史的最早的较完备记载。思廉注重史书的史料价值，注意对史料博采善择，且叙事不好铺张，行文简洁。梁、陈二书全用散文写成，其语言通晓简练，在唐初"八史"中首屈一指。姚思廉以史为鉴的著述宗旨、注重人事的进步史观对后代史学作品都产生了重要影响。

法顺
FASHUN

法顺像 选自《佛祖道影》

法顺（557—640年），俗姓杜，又称杜顺，雍州万年县（今陕西西安长安区）人。唐代高僧，华严宗初祖。

法顺年幼时常在住家后面的坟墓上，为小朋友说法。18岁时皈依因圣寺魏珍禅师出家，专修禅观。他品行高洁，慧根深植，很快便开悟成高僧。后来在庆州、清河、骊山、三原、武功等地说教，并给人治病，行踪所至，每多灵异，当时百姓称其为"敦煌菩萨"。隋文帝非常敬信他。他还曾为唐太宗治病，赐号"帝心"，后被尊称为"帝心尊者"。

法顺云游天下广度众生，劝人念阿弥陀佛，著有赞咏净土的《五悔文》。他对于华严义理有很深的契悟，是第一位把教理和实修融合而兼修的大师。法顺的著述，相传有《华严法界观门》《华严五教止观》各一卷。前者全文见于法藏所撰《华严发菩提心章》，后者见于法藏《华严游心法界记》。此二文皆是华严宗的根本理论，也是后代子孙修学的依据。法顺精心培养僧才，他的门人弟子有达法师、智俨、樊玄智、动意等，其中以智俨为特出，为华严宗第二祖。法顺于唐太宗贞观十四年（640年）在长安南郊义善寺圆寂，时年84岁，葬于樊川北原华严寺。

欧阳询
OUYANGXUN

欧阳询像

欧阳询（557—641 年），字信本，潭州临湘（今湖南长沙）人，初唐著名书法家，与同代的虞世南、褚遂良、薛稷并称"初唐四大家"。他与虞世南俱以书法驰名初唐，并称"欧虞"。

欧阳询出身官宦世家，少年时就博览古今、精通史籍。后出仕隋太常博士。唐高祖李渊未显贵时，多次交游。李渊称帝后，为给事中，迁银青光禄大夫、太子率更令、弘文馆学士，封渤海县男，故世称"欧阳率更"。85 岁时辞世。

欧阳询的书法最初仿效王羲之，但不囿于一家。据说有一次他骑马外出，偶然在道旁看到晋代书法名家索靖所写的石碑。他骑在马上仔细观看了一阵，刚走几步又忍不住再返回下马观赏，赞叹多次，而不愿离去，干脆铺上毡子坐下反复揣摩，最后竟在碑旁一连坐卧了三天才离去，欧阳询笃好书法达到如此痴迷的程度。正是由于如此勤学苦练，他才能独辟蹊径自成一家。后人以其书于平正中见险绝，最便初学，号为"欧体"，成为学习书法者经常模仿的对象。

欧阳询不仅是一代书法大家，也是一位书法理论家。其代表作楷书有《九成宫醴泉铭》《皇甫诞碑》《化度寺碑》，被称为"唐人楷书第一"。行书有《行书千字文》。他在长期的书法实践中总结出练书习字的八法，所撰《传授诀》《用笔论》《八诀》《三十六法》等都是自己学书的经验总结，具体地总结了用笔、结体、章法等书法形式技巧和美学要求，是中国书法理论的珍贵遗产。

欧阳询的书法誉满天下，人们都争着想得到他亲笔书写的尺牍文字，一旦得到就视作珍宝。唐武德年间，高句丽王特地派使者来长安求取欧阳询的书法。唐高祖李渊感叹地说："没想到欧阳询的名声竟大到连远方的夷狄都知道。"

武德七年（624年），欧阳询奉诏与裴矩、陈叔达修撰《艺文类聚》，七年书成，询撰序言。全书凡一百卷，分48部。此书征引古籍达1400余种，这些古籍后来大多散佚，赖《艺文类聚》保存诸书许多重要内容。

虞世南（558—638年），字伯施，越州余姚（今属浙江）人，唐朝政治家、文学家、书法家，凌烟阁二十四功臣之一。善书法，与欧阳询、褚遂良、薛稷合称"初唐四大家"。自编的《北堂书钞》是中国现存最早的类书之一。

虞世南生性沉静寡欲，意志坚定，勤奋好学。陈时曾任建安王法

虞世南像

曹参军。入隋后，官秘书郎、起居舍人。曾为窦建德黄门侍郎。入唐后，为秦王府参军、弘文馆学士，为秦府"十八学士"之一。太宗贞观年间，历任著作郎、秘书少监、秘书监等职，先后封永兴县子、永兴县公，故世称"虞永兴""虞秘监"。虞世南性情刚烈，直言敢谏，深得太宗敬重，称他德行、忠直、博学、文词、书翰为"五绝"。贞观十二年（638年）在长安逝世，享年81岁，赠礼部尚书，谥号文懿，陪葬昭陵。

虞世南书法继承二王（王羲之、王献之）传统，外柔内刚，笔致圆融冲和而有遒丽之气。传世书迹刻石楷书有《孔子庙堂碑》《破邪论》，行书有《汝南公主墓志铭》《摹兰亭序》等。《唐人摹兰亭序三种》其中之一传为虞世南的墨迹。

虞世南任职秘书监时，充分利用国家藏书，自编《北堂书钞》一百六十卷。全书分19部852类，为唐代四大类书之一。此外还参与编撰《群书政要》《长洲玉镜》。虞世南亦是初唐大诗人，代表作有《出塞》《结客少年场行》《怨歌行》《赋得临池竹应制》《蝉》《奉和咏风应魏王教》《咏萤》等。著有《群书理要》五十卷、《兔园集》十卷等，另有诗文集十卷行于世。《全唐诗》编其诗一卷，《全唐文》收录有其诗文及奏疏。民国张寿镛将他的代表作辑成《虞秘监集》四卷，收入《四明丛书》。

孔颖达
KONGYINGDA

孔颖达（574—648年），字冲远、仲达，冀州衡水（今河北衡水）人，孔子的第三十二世孙，隋唐时期经学家。

孔颖达像 选自《名贤画像传》
民国三年京师国群铸一社石印本

孔颖达出身官宦世家，自幼受到传统的儒学教育，曾师从名儒刘焯，以精通五经著称于世，对南北朝经学之"南学""北学"均有颇深的造诣，尤明《左传》、郑玄注《尚书》《毛诗》《礼记》和王弼所注《周易》，兼善历算，能属文。

隋炀帝大业初年，举明经高第，授河内郡博士。隋炀帝时，召诸儒官于东都互相讨论学问，孔颖达水平最高，险遭嫉妒者暗杀。入唐后，为秦王府文学馆学士，"十八学士"之一，成为李世民智囊团中重要人物。历任国子博士、国子司业、国子祭酒等职。曾助魏徵撰写《隋书》，参与修订"五礼"。玄武门之变后，孔颖达擢授国子博士。贞观初，以儒业受封曲阜县男，转任给事中，屡迁国子司业、祭酒，掌管一国教育。他对太宗朝的文化事业贡献颇大，太宗称其为"关西孔子"。

孔颖达在经学上的最大成就是奉诏编纂《五经正义》，为经学的统一和汉学的总结做出卓越贡献。汉魏以来五经纷杂，师法家法纷纭，歧义丛生。自隋开科取士，唐延其法，没有统一的经解做教材和课试标准，给教育和选举工作带来很多麻烦。史载隋文帝下令考试国子学生，因"无所取正"，甚至无法评卷。有鉴于此，唐太宗下令孔颖达主持编纂五经注疏定本。贞观十二年（638年）书成奏上，后继续修订，直到贞观二十二年（648年）孔颖达离世尚未完成。高宗永徽四年（653年）审定正义才告结束。高宗诏令颁《五经正义》于天下，"每年明经，依此考试"。孔颖达所修《五经正义》，不仅仅是前贤经说的材料堆积，其间也贯穿了他精到的经学思想。《五经正义》具有统一经学、垂教百世的历史功绩；不仅确立了儒学的标准范本，对中国儒学教育功不可没；同时，在古书佚散非常严重的情况下，保存了大量汉晋经说，通过它可以窥探汉学风貌，研究两汉以及魏晋经学的历史。孔颖达死后，陪葬昭陵。陪葬碑在陕西礼泉县昭陵南十里。

颜师古
YANSHIGU

颜师古像　选自《新刻历代圣贤像赞》万历二十一年胡氏文会堂刻格致丛书本

颜师古（581—645年），名籀，字师古，隋唐以字行，故称颜师古。祖籍琅邪临沂（今属山东），后迁至京兆万年（今陕西西安）。唐初儒家学者，经学家、语言文字学家、历史学家。

颜师古出身儒学世家，为名儒颜之推的孙子。少传家业，遵循祖训，博览群书，学问通博，长于文字训诂、声韵、校勘之学，对两汉以来的经学史也十分熟悉。

隋文帝仁寿年间任安养县（今湖北襄樊）尉，后坐事免职居长安，十年不得官，家贫，以教授为业。唐初，师古拜为敦煌公府文学，后迁中书舍人，专掌机密，诏令一概出自他手，所写册奏无人能及。太宗即位，师古备受重用，拜中书侍郎，封琅邪县男。贞观七年（633年），任命为秘书少监，专管校订古书的工作。贞观十一年（637 年），颜师古奉诏与博士撰修"五礼"。后又奉太子承乾之命注《汉书》，贞观十五年（641 年）书成，以文学入选崇贤、弘文两馆学士。《汉书注》是颜师古晚年力作，在广泛汲取前人成果的基础上，多有创新，在审定音读、诠释字义方面用功最多、成绩最大，解释详明，深为学者所重。颜师古纠正典籍音读、注释的错误，不是简单地标其正误，而是征引大量资料，阐明其产生谬误的前因后果，这样不仅使其结论有充分的说服力，而且客观上保存了很多宝贵资料。贞观十九年（645 年），颜师古随从太宗征辽东，途中病故，终年 65 岁，谥曰"戴"。

孙思邈
SUNSIMIAO

孙思邈像

孙思邈（581—682 年），京兆华原（今陕西耀州）人，北周、隋唐医药学家，被后人誉为"药王"，现今我国各地都有祠堂纪念。

孙思邈幼年体弱多病，立志学医。他对古典医学有深刻的研究，对民间验方十分重视，一生致力于医学临床研究，对内、外、妇、儿、五官、针灸各科都很精通，多项成果开创了我国医药学史上的先河，特别是论述医德思想、倡导妇科、儿科、针灸穴位等都是先人未有。

孙思邈医德高尚，他认为医生须以解除病人痛苦为唯一职责，其他则"无欲无求"，对病人一视同仁："皆如至尊"，"华夷愚智，普同一等"。他身体力行，一心赴救，不慕名利，用毕生精力实现了自己的医德思想，是我国医德思想的创始人。

孙思邈一生勤于著书，晚年隐居于京兆华原五台山（药王山）专心立著，直至白首之年，未尝释卷。一生著书80多种，其中以《千金要方》《千金翼方》影响最大，两部巨著60卷，药方论6500首。《千金要方》和《千金翼方》合称为《千金方》，它是唐代以前医药学成就的系统总结，集医药学之大成，大大丰富了祖国医药学宝库，被誉为我国最早的一部临床医学百科全书，对后世医学的发展影响深远。

令狐德棻
LINGHUDEFEN

令狐德棻碑　位于陕西耀县，《全唐文》有录文。碑文为于志宁撰文，于志宁之子于立政书，文约二千七百余字，存者不及八百字

令狐德棻（583—666年），宜州华原（今陕西耀州）人，唐初文学家、史学家。他出身名门，才华出众，精通文史，早有才名。

唐高祖时，令狐德棻任大丞相府记室，

迁起居舍人。当时唐王朝初立国，经籍散佚，典章制度不全，他奏请广泛收集图书典籍，汇编成《艺文类聚》。又奏请重修梁、陈、北齐、北周及隋朝五朝正史，高祖委他领衔修撰。他与岑文本、崔仁师主撰《周书》。贞观十年（636年），五朝史书撰成。次年，修成《新礼》一书。十二年（638年），与岑文本修成《氏族志》百卷。十五年（641年），因太子承乾事，罢官为民。贞观十八年（644年），太宗改修《晋书》，复起用令狐德棻为主编。书成，任秘书少监。高宗永徽年间，复任礼部侍郎，监修国史，完成贞观十三年以后李世民的十年历政实录，又继续撰写完成《高宗实录》三十卷。龙朔二年（662年），以80高龄加金紫光禄大夫。咸亨元年（670年）卒于家，年84岁。

令狐德棻在唐初倡举的两件事深具历史意义：其一，以朝廷之力广泛收求天下书，使得大量的古代经典得以幸存；其二，首倡修史，唐初史学成就是极辉煌的，而"创修撰之源，自德棻始也"。所修的《梁书》《陈书》《北齐书》《周书》《隋书》《晋书》《南史》《北史》等八部正史，占到二十四史的三分之一。八部史书都饱含着令狐德棻的心血。他殚精竭虑，以修史为己任，是我国历史上重要的历史学家。除上述著作以外，尚有文集30卷，其文学成就亦不容小觑。

阎立德
YANLIDE

阎立德（596—656年），名让，字立德，雍州万年（今陕西西安）人。唐代建筑家、工艺美术家、画家。

阎氏自北周时起，世代官宦，地位高贵，其父阎毗以善工艺

唐 阎立德《人马图》（局部）

绘画得以为北周驸马。阎立德继承家学，擅长建筑、工艺、绘画，具有多方面才能。唐武德至贞观年间任尚衣奉御、将作少匠、将作大匠、工部尚书等。曾主持设计帝后所用服饰。阎立德善于营建，无论宫殿、亭台、城池和帝王陵寝，均可设计和施工。曾受命营造唐高祖献陵，营建昭陵，督造翠微、玉华两宫，主持修筑唐长安城外郭和城楼等。贞观十八年（644年），李世民征辽，他主持建造巨型船只五百艘，用于运送粮草，随征期间，修路建桥，为太宗赞许和重用，官至工部尚书。卒后赠吏部尚书、并州都督，陪葬昭陵。

阎立德的绘画广泛吸取众家之长，擅长描绘人物、树石、禽兽，艺术上与其弟阎立本齐名，作品题材大都与初唐政治有较为密切的关系。史载贞观三年（629年）东蛮谢元深到长安朝觐，阎立德奉诏画《王会图》记其事。贞观十五年（641年）太宗命文成公主赴吐蕃与松赞干布联姻，阎立德绘《文成公主降番图》，形象地记录了这一重大历史事件，可惜这些作品都没有流传下来。其所绘《古帝王图》描绘了汉代至隋代的13位帝王，是中国肖像画的经典作品。

道宣（596—667年），俗姓钱，丹徒（今属江苏）人。唐代高僧，律宗创始人，佛教史学家，中国戒律思想史上的重要思想家。又称南山律师、南山大师，世称律祖。

他15岁入长安日严寺随智顗律师学习佛法，20岁拜智首律师为师并受具足戒，取得了正式出家的资格。后至终南山修习定慧。曾为西明寺上座，参加玄奘译场，负责润文。乾封二年（667年）二月，在终南山麓清宫精舍创立戒坛，同年十月圆寂。世寿72岁。

道宣像 奈良国立博物馆藏

道宣大师一生精持戒律，善于撰述，综合各家所长，会通大乘和小乘。他以《四分律》为基础，参考其他各部律典，形成自己独到的见解。道宣著述宏富，其律学著作有"南山五大部"：《四分律删繁补阙行率钞》（简称《行事钞》）三卷，《四分律删补随机羯磨疏》四卷，《四分律拾毗尼义钞》三卷，《比丘含注戒本疏》四卷，《比丘尼钞》三卷。在此基础上，道宣还写了许多简明的或专题式的作品，如《比丘戒本》《比丘尼戒本》《章服仪》《归敬仪》等等。这些作品都是对"五大部"的理论在实践上的具体说明，形成了一套从理论到实践的著作体系，从而奠定了中国佛教戒律学的基础，完成佛教新律学体系的构建。同时，为了正本澄源和维护佛教的地位，道宣还广泛搜集资料，研究印度佛教流传华夏的历史事实，对佛教传播的史实进行整理编纂，著有《续高僧传》三十卷、《释迦方志》二卷、《集古今佛道论衡》四卷、《大唐内典录》十卷、《广弘明集》三十卷、《集神州三宝感通录》（一名《东夏三宝感通记》）三卷、《释迦氏谱》（一名《释迦略谱》）一卷等佛教史学著作。这些著作具有很强的资料性和学术性，是了解中国佛教历史不可或缺的参考书。

道宣和他的律宗学说在当时风靡整个佛教界，其门下有受法传教弟子千人，后代所有律家，几乎都以他的著作为标准，中国出家僧徒，至今大多还以他的《四分律》为行持的楷模。唐、宋二代，分别追加谥号"澄照律师"和"法慧大师"。

阁立本
YANLIBEN

阁立本（601—673年），雍州万年（今陕西西安）人，唐代著名画家。

阁立本出身贵族，是北周武帝宇文邕的外孙。因其擅长工艺，多巧思，工篆隶书，对绘画、建筑都很擅长，隋文帝和隋炀帝均爱其才艺。入隋后官至朝散大夫、将作少监。而后于贞观年间任主爵郎中、刑部侍郎、将作少监，显庆初升工部尚书，总章元年（668年）加右丞相。他的父亲阁毗和兄长阁立德都长于绘画、工艺、建筑，阁立本亦秉承家学，尤其善于绘画。父子三人并以工艺、绘画闻名于世。阁立本代表作品有《步辇图》《历代帝王像》《职贡图》《萧翼赚兰亭图》等。

阁立本的绘画艺术，先承家学，后师张僧繇、郑法士。他善

唐　阁立本绘《步辇图》

画人物、车马、台阁，尤擅长肖像画与历史人物画。他的绘画，线条刚劲有力，神采如生，色彩古雅，笔触较顾恺之细致，人物神态刻画细致，其作品备受当世推重，被时人列为"神品"。曾为唐太宗画《秦府十八学士》《凌烟阁二十四功臣图》，为当时所称誉。其《步辇图》描绘贞观十五年（641年）唐太宗下嫁文成公主与吐蕃王松赞干布联姻事件。图中唐太宗坐在步辇上接见迎亲使者禄东赞。

阎立本在艺术上继承南北朝的优秀传统，认真切磋加以吸收和发展。其作品所显示出的刚劲的铁线描，较之前朝具有丰富的表现力，人物的精神状态刻画细致，超过了南北朝和隋的水平，因而被誉为"丹青神化"，在绘画史上占有重要地位。

玄奘 XUANZANG

唐 玄奘像 东京国立博物馆藏

玄奘（602—664年），俗家姓名为陈祎，洛州缑氏（今河南偃师）人。唐代著名高僧，法相宗创始人，被尊称为"三藏法师"，后世俗称"唐僧"。

玄奘为探究佛教各派学说分歧，于唐太宗贞观元年（627年），一人"冒越宪章，私往天竺"，西行五万里，历经艰辛到达印度佛教中心那烂陀寺求取真经。在印度各地辗转多年，公元643年，玄奘载誉启程回国，并将657部佛经带回中土。贞观十九年（645年）正月，玄奘到达长安，受到唐太宗的欢迎。

此后，玄奘在长安弘福寺等地设立译经院（国立翻译院），开始译经，参与译经的优秀学员来自全国以及东亚诸国。译经讲法之余，玄奘口授由弟子辩机执笔完成了著名的《大唐西域记》一书，全面记载了玄奘所游历的高昌以西 110 个及传闻所知的 20 多个城邦、地区、国家的情况，内容包括这些地方的幅员大小、地理、农业、商业、风俗、文艺、语言、文字、货币、国王、宗教等等，因而成为研究中亚、南亚地区古代史、宗教史、中外关系史的重要文献。永徽三年（652 年），玄奘在长安城内慈恩寺的西院筑五层塔，即今天的大雁塔，用以贮藏自天竺携来的经像。此外，玄奘又奉敕将《道德经》等中国经典译作梵文，传于天竺。唐麟德元年（664 年）玄奘圆寂于长安。

　　玄奘对中国文化的发展所做的贡献是多方面的，其中最伟大的是他对佛学典籍的翻译。玄奘及其弟子共译出佛典 75 部，总计 1335 卷，占了整个唐代译经总数的一半以上，而且在质量上大大超越前人，成为翻译史上的杰出典范。

阿罗本 ALUOBEN

　　阿罗本（生卒年不详），唐朝时到达中国的大秦（罗马）人，基督教聂斯托利派主教。他是有文献记载的最早到达中国的基督教传教士。

　　贞观九年（635 年），阿罗本率亚述东方教会（即基督教聂斯托利派）传教团历经跋涉，从波斯、于阗等西域古国经河西走廊，抵达唐朝首都长安。唐太宗命宰相房玄龄到长安西郊迎接，并亲

大秦景教流行中国碑

自会见了阿罗本主教。阿罗本要求太宗同意他在中国传播基督教。唐贞观十二年（638年），唐太宗降旨准许他传教，并资助其在长安义宁坊修建寺院（教堂），即今天所说的大秦寺。阿罗本所传聂斯托利派基督教在中国被称为景教。唐高宗年间，阿罗本被奉为镇国大法主，景教开始在长安等地传播起来。阿罗本还把景教经典《尊经》翻译成中文。阿罗本的事迹保留在《大秦景教流行中国碑》中。明代天启五年(1625年)在长安发现唐建中二年(781年)所立《大秦景教流行中国碑》，上有"大秦国大德阿罗本远将经像，来献上京"的记载。

李淳风
LICHUNFENG

　　李淳风（602—670年），岐州雍县（今陕西岐山）人，唐代杰出的天文学家、数学家。他和袁天罡所著的《推背图》以其

李淳风像

预言的准确而著称于世。李淳风是中国古代科学家和历史文化名人，还是世界上第一个给风力定级的人。

李淳风从小被誉为"神童"，博览群书，尤钟情于天文、地理、道学、阴阳之学，9岁便远赴河南南坨山静云观拜至元道长为师。17岁参与李世民的反隋活动，后为秦王府记室参军。贞观元年（627年），李淳风任太史局丞，高宗时升为太史令。

李淳风在天文学方面的成就主要是研制出"三重环"浑天仪，比前代的浑天仪增加了一层三辰仪，使得黄道经纬、赤道经纬和地平经纬都能测定，是当时最为复杂和精密的天文仪器。他还总结前人浑天仪的优缺点，撰写了《法象仪》七卷。《晋书》与《隋书》中的《天文志》《律历志》《五行志》均为他撰写，为我国天文科学的发展做出了巨大贡献。

在历法研究方面，他创制《麟德历》，重新定朔，改进了计算方法，避免了连续出现大小月的现象。

在数学研究方面，他和梁述等人编定和注释了古代著名的十部算经，为当时的数学教学和唐朝以后数学的高度发展做出了贡献。后人对李淳风编定和注释十部算经的功绩给予很高的评价，如英国的著名学者李约瑟博士就说过："他大概是整个中国历史上最伟大的数学著作注释家。"

白明达
BAIMINGDA

白明达像

白明达（生卒年不详），龟兹（今新疆库车）人，隋唐间宫廷音乐家。

白明达在隋朝时随突厥阿史那公主进入长安城，隋文帝开皇元年（581年）开始活跃于中原乐坛，炀帝时官拜乐正，负责宫中西域乐舞演练及创作乐曲。隋亡后，白明达又受到唐朝器重，总管宫廷乐舞事宜。其先后创作了《万岁乐》《藏钩乐》《七夕相逢乐》《投壶乐》《舞席同心髻》《玉女行觞》《神仙留客》《掷砖续命》《斗鸡子》《斗百草》《泛龙舟竣》《还旧宫》《长乐花》《十二时》等曲。

唐高宗时，他受命创作了著名的唐曲《春莺啭》，唐崔令钦《教坊记》云："唐高宗晓声律，因风叶鸟声，晨坐闻之，命乐工白明达写之，遂有此曲。凡箜篌，大弦未尝鼓，唯作此曲，入鸟声即弹之。筝则移两柱向上，鸟声毕，入急，复移如旧也。"此曲不仅与当时另一位西域作曲家裴神符创作的《火凤》并称"二绝"，而且远播海外，日本雅乐舞蹈《春莺啭》即是根据唐曲《春莺啭》改编而来。白明达是唐代西域音乐传入中原，并成为中原音乐最重要组成部分的见证人和实践者，在中国音乐的发展史上起到重要作用。

张旭像

张旭（生卒年不详），字伯高，一字季明，吴郡吴县（今江苏苏州）人，开元、天宝时在世。唐朝著名书法家，有"草圣"之称。初任常熟尉，后官至金吾长史，人称"张长史"。

张旭为人洒脱不羁，豁达大度，卓尔不群，才华横溢，学识渊博，是一位极有个性的草书大家。因他常喝得大醉，呼叫狂走，然后落笔成书，甚至以头发蘸墨书写，故又有"张颠"的雅称，后世尊其为"草圣"。杜甫在诗作《饮中八仙歌》里，把张旭与李白、贺知章等人共列"饮中八仙"。

张旭的书法，始化于张芝、二王一路，以草书成就最高。他的楷书端正谨严，规矩至极，继承多于创造，黄山谷誉其为"唐人正书无能出其右者"。张旭书法以草书闻名，奔放自由，是书法上了不起的创新与发展。他的草书看起来很癫狂，但章法却相当规范，是在张芝、王羲之行草基础上的升华，绝无不规则的涂抹，很多细微的笔画、字间过渡，都交代得清清楚楚，绝无矫揉造作之感。在线条的动荡和质感上加入了盛唐的艺术气息，从而形成了自己独特的草书风格。《旧唐书》中赞誉其"变化无穷、若有神助"。张旭的书法打破了书法界一直信奉的王羲之、王献之父子的书法规范，为书法界带来旋风式的改革。张旭的传世作品有《古诗四帖》《千字文》《郎官石柱记》《悲清秋赋》《肚痛帖》等。

法藏
FAZANG

法藏像 选自《佛祖道影》

華嚴三祖賢首法藏法師

法藏（643—712 年），唐朝佛学高僧、翻译家，华严宗三祖，华严宗实际开创者。本康居国人，祖父起侨居长安，以康为姓。

法藏少年时师事云华寺智俨法师，得其嫡传。高宗咸亨元年（670 年），在长安太原寺出家为僧。后居云华寺，载初元年（690 年）太原寺改称崇福寺，由武则天亲笔赐写寺额，法藏为寺主。法藏信奉华严宗，翻译并完善了华严宗教义，大力进行佛教的宣传教育活动，为华严宗在唐代成为显宗做出贡献。

法藏深得武则天信任，并赐以《华严经》中贤首菩萨之名，人称"贤首国师"。神功元年（697 年），契丹大举寇掠内地，武则天令法藏用法术抵御来敌。法藏沐浴更衣，建立道场，设置观世音菩萨像，行道作法。据说几天后，契丹军队看见"无数神王之众"，又见"观音之像浮空而至"，军心大乱，被武周打败。

证圣元年（695 年），于阗僧实叉难陀携梵本《华严经》来华，奉敕在大遍空寺翻译，法藏参与其中，为主要翻译记录人员。同时，法藏在此次翻译的基础上，补进以前与中天竺僧地婆诃罗在长安译出的部分内容，于圣历二年（699年）整理出完善的新本《华严经》。武则天命法藏为自己讲解新译《华严经》，并御赐法藏稀有的红竹石佛珠108粒。华严宗以此经而立宗。睿宗先天元年（712年），圆寂于长安大荐福寺，年70岁。葬在神禾原华严寺的南边，秘书少监阎朝隐作碑文，概述法藏一生行化，即现存"大唐大荐福寺故大德康藏法师之碑"。

法藏善于利用教具，进行直观教育。为使武则天能够听懂华严宗义理，法藏以金狮子为喻，深入浅出地阐发华严教义，使武则天豁然开悟。所著《金狮子章》不足1100字，却囊括了华严宗的基本理论和判教说法。法藏继承了智俨的法界缘起思想，用缘起因分、性海果分二门阐明宇宙万法的实相。华严二祖智俨所创教相和观行的新说，得到法藏详尽的发挥，从而使华严宗的教义基本周备。因此说法藏是华严宗的实际创立者，世称他为华严宗三祖。

法藏的著述约百余卷，其中关于《华严经》的著述最多。主要有《华严经探玄记》二十卷、《华严经旨归》一卷、《华严经文义纲目》一卷、《密严经疏》四卷、《般若心经略疏》一卷、《入楞伽心玄义》一卷、《华严经传记》五卷等。

善导（613—681年），俗姓朱，临淄（今属山东）人。唐代高僧，为净土宗创始人之一。

善导幼时从密州（今山东诸城）明胜法师出家，潜心研究佛

莲社二祖唐光明善导和尚

善导像

学经典。修持《法华经》《维摩经》诸经，后拜道绰为师，精研《观无量寿经》。善导专心致志，潜心研读，日常持戒极严，常年化缘乞食。他一心念佛，不精疲力竭决不罢休，成为真正领悟道绰佛学义理的传人。他通过刻苦学习佛教经典，遍访高僧大德，融会贯通所学经典，逐渐形成自己的独特见解。后到长安光明寺传净土法门，倡导专心念佛，正式创立净土宗。善导学习有方，创教有法。他把道绰所创净土宗融会贯通，发扬光大，使净土宗顺应当时的形势不断壮大，蔚为大观，很受长安僧俗的尊崇，信徒甚多。

善导曾受救命督造洛阳龙门大卢舍那佛像，并于大像之南建奉先寺，为佛教东传以来所开的最大石佛之龛，留存至今，对中国佛教壁画、佛教造像艺术影响巨大。唐永隆二年（681年）在长安圆寂，享年69岁。他的弟子怀恽等葬其遗骸于长安终南山麓神禾原，建塔以为纪念，后于塔旁建香积寺，香积寺善导塔至今屹立。

善导撰有不少佛学著作，现存《观无量寿佛经疏》《往生礼赞偈》《净土法事赞》《般舟赞》《观念法门》五部九卷，为净土宗重要依据。这些作品对后世影响很大，对光大净土宗起了重要作用。善导与昙鸾、道绰被日本净土宗尊为三祖，善导被称为高祖。

义净
YIJING

义净（635—713年），俗姓张，字文明，范阳（今河北涿县）人。唐代名僧、旅行家，中国佛教四大译经家之一。

义净7岁时入齐州土窟寺，13岁受具足戒，正式出家为僧。义净在学佛过程中产生各种疑问，为祛蔽解疑，决定赴印度取经求法。咸亨二年（671年），义净从海路前往印度。大约在垂拱元年（685年），义净乘船离开印度东归。垂拱三年（687年），他到达室利佛逝（今苏门答腊），停留二年有余。武周证圣元年（695年），义净与弟子贞固、道宏回国，武则天亲自率众人到洛阳上东门外迎接义净归国。归国后，义净在洛阳延福坊大福先寺、长安延康坊西明寺、荐福寺等寺院翻译佛经。先天二年（713年）正月，在长安荐福寺圆寂，享年79岁。

义净在译经和著述方面花费了大量心血，其译作达到了很高的水平。

小雁塔（荐福寺）

他坚持直译,并在原文下加注说明,订正译音译义,介绍产物制度;在语译方面,区分俗语雅语;又常在意译汉字下标出四声和反切,以求得准确的发音。义净的西行和译经活动对唐朝的佛学产生了很大影响。除了佛学和翻译方面的贡献外,义净在地理、外交方面也有很大的功绩。他在归国途中逗留室利佛逝时,写出了《南海寄归内法传》《大唐西域求法高僧传》等书,记述了有关从海路去印度途经的南海各地的情况,是关于南海最早的历史地理资料,为各国研究历史、地理和外交的学者所重视。

李思训(651—716 年,一作648—713 年),字建睍,一作建景,陇西成纪(今甘肃秦安)人,唐代杰出画家。

唐高宗时为江都令,因武则天杀戮唐宗室而弃官隐居,至唐中宗神龙初年(705 年)又出任宗正卿、历官益州长史,唐玄宗开元初年,官至左武卫大将军,任左羽林大将,晋封彭国公。因玄宗时官至武卫大将军,画史上称他为"大李将军"。

唐 李思训《江帆楼阁图》(局部)

李思训善画山水、楼阁、佛道、花木、鸟兽,尤以金碧山水著称。其山水画主要师承隋代画家展子虔的青绿山水画风,并加以发展,形成意境隽永奇伟、用笔遒劲、风骨峻峭、色泽典雅、工整富丽的金碧山水画风格,显现出从小青绿到大青绿的山水画的发展与成熟的过程。它和同时期兴起的水墨山水画,都为五代和北宋时期的山水画奠定了基础。在创作上,李思训除了取材实景,多描绘富丽堂皇的宫殿楼阁和奇异秀丽的自然山川外,还结合神仙题材,创造出一种理想的山水画境界。因年代久远,李思训的作品均散佚,现已罕见。《宣和书谱》记载尚有《山届四皓》《春山图》《海天落照图》《江山渔乐》《群山茂林》等十七幅,现在仅见《江帆楼阁图》和《九成宫纨扇图》。

李思训的金碧山水画对后来中国山水画的发展产生了巨大而深远的影响,后世山水画中的青绿山水就是对他这一派画风的延续。明代莫是龙和董其昌等人提出绘画上的南北宗论,即将他列为"北宗"之祖。

李思训卒于716年,追赠秦州都督,陪葬桥陵。现存陕西蒲城的《李思训碑》为书法家李邕撰文并书,是书法史上的珍品。

贺知章(约659—约744年),字季真,晚年自号"四明狂客",越州永兴(今浙江萧山)人,唐代著名诗人、书法家。

贺知章少时以诗文知名,武则天证圣元年(695年)中乙未科状元,授予国子四门博士,迁太常博士。后历任礼部侍郎、秘

书监、太子宾客等职。

贺知章诗文精佳，且书法品位颇高，尤擅草隶，"当世称重"。他的墨迹留传很少，其书法代表作草书《孝经》，被爱好书法者视为珍品。贺知章生性旷达豪放，善谈笑、好饮酒，又风流潇洒，为时人所倾慕。他赞李白为"谪仙人也"，成忘年之交，并把李白引荐给唐玄宗。他常与张旭、李白等饮酒赋诗，切磋诗艺，时称"饮中八仙"。贺晚年自称"四明狂客"，又因其诗豪放旷达，人称"诗狂"。86岁告老还乡，不久逝世。

贺知章像

贺知章诗文以绝句见长，除祭神乐章、应制诗外，其写景、抒怀之作风格独特，清新潇洒，著名的《咏柳》《回乡偶书》脍炙人口，千古传诵。其作品大多散佚，今录入《全唐诗》共19首。

刘知几
LIUZHIJI

刘知几（661—721年），字子玄，彭城（今江苏徐州）人，唐代史学家。

刘知几出身官宦之家，书香门第，受整个家庭氛围的习染，童年时受到良好的文化教育。唐高宗永隆元年（680年）年仅19岁的刘知几中进士，之后通过吏部的考试，任获嘉县（今河南省获嘉县）主簿。680—699年的近20年间，刘知几一直在地方任职，公务闲暇之余，博览群史，为以后的史学研究打下

刘知几像

了坚实基础。

长安二年（702 年），刘知几开始担任史官，撰起居注，历任著作佐郎、著作郎、秘书少监、太子左庶子、左散骑常侍等职，兼修国史。与朱敬则等撰《唐书》八十卷，与徐坚等撰《武后实录》，与吴兢撰成《睿宗实录》二十卷，重修《则天实录》三十卷、《中宗实录》二十卷、《高宗后修实录》等。刘知几实际上参与了高宗、武周、中宗、睿宗四朝实录的修订工作，详细记载了唐前期的正史史料，做出了极大贡献。

刘知几最大的成就是私撰《史通》，该书详论史书之体例及内容，阐述自己对史学的见解，认为史学家须兼备才、学、识三长，尤重史识。他强调直笔，提倡"不掩恶、不虚美"，"爱而知其丑，憎而知其善"。《史通》是中国第一部史学评论专著，对我国古代史学作出了全面的总结，提出了较为系统的史学理论，对后世影响很大。

吴兢
WUJING

吴兢（670—749 年），汴州浚仪（今河南开封）人。唐朝著名史学家，以耿直敢于犯颜直谏著称，为一代诤臣。

吴兢于武周长安年间被举荐"有史才"，入史馆，修国史。吴兢修史，以叙事简练、奋笔直书见称。在撰写《则天实录》时，辑录了宋璟逼迫张说为魏元忠证明清白的事。张说修撰国史见到

吴兢像

了这一段，知道是吴兢所写，却故意说："刘五（即史学家刘知几）太不相容了！"吴兢站起来说："这本是我写的，这段史文的草稿都在，不可冤枉死去的人！"他的同僚听了此话，都惊得变了脸色。后来张说又私下请求吴兢改动几个字。吴兢就是不答应，他说："假如顺从您的请求，那么这部史书的笔法就不能算作正直的，怎么能够让后世相信呢？"

吴兢居史馆任职三十余年，著述众多，独撰有《梁史》《齐史》《周史》《陈史》各十卷、《隋史》二十卷、《唐书》一百卷、《乐府古体要解》一卷、《唐春秋》三十卷、《贞观政要》十卷、《唐书备阙记》十卷、《太宗勋史》一卷等，与人合撰有《睿宗实录》二十卷、《中宗实录》二十卷、《则天实录》三十卷、《唐高宗实录》十九卷等。

吴兢所撰千古名著《贞观政要》共八万字左右，分专题记述贞观年间的政治、经济、军事、文化、制度、礼仪、教育等方面状况，有对话、诏诰、奏表，有事件描写，有经验总结，较系统地反映了贞观年间的施政方针和实践效果，是历史上对贞观之治记载最为周详扼要的著作，是后人了解贞观之治必须参考的书。

韦坚
WEIJIAN

韦坚（？—746年），字子金，京兆万年（今陕西西安）人，唐代大臣、水利航运家。

韦坚出身于官宦世家，是皇亲国戚，地位显贵。早年入仕，初为秘书丞，后任长安县令，升为陕郡太守、水陆转运使。韦坚奏请复开漕渠，于咸阳西南壅渭水为兴成堰，引渭水东流，又截引浐灞两河之水入漕渠，东流到永丰仓以东再汇入渭河。又在长安城东长乐坡下、浐河之滨的望春楼旁开挖一个人工湖，与漕河相通，将河水引入湖中，名曰广运潭。这样一来，由潼关西来的船只就可以直接驶到广运潭中、望春楼下，皇帝可以在楼上观看各地货船齐聚长安。全部工程两年完成。这项工程沟通了南北交通，使京城长安可以通过华阴、陕州、洛阳一线，与以大运河为主干的全国漕运网有机地连成一个整体，无论在经济上、军事上，还是在政治上，都具有重大意义。玄宗以此功加授他兼任江南、淮南租庸、转运、处置等使，手握财经大权，一时权势显赫。天宝五载（746年），为宰相李林甫所嫉恨，被诬陷结党谋反，贬为江夏员外别驾，后又流放岭南。当年十月，李林甫派人杀了韦坚及其儿子和兄弟。

一行
YIXING

一行像　选自《佛祖道影》

　　一行（673—727年），本名张遂，邢州巨鹿（今河北巨鹿）人，唐代著名的天文学家和佛学家。

　　一行自小读书很多，博览经史，尤其精通历象和阴阳五行之学，以学识渊博闻名于长安。21岁从普寂禅师出家，取名一行。先后在嵩山、天台山学习佛教经典和天文数学。

后从善无畏、金刚智学习佛教密法，兼承胎藏界和金刚界两种密法而能融为一体，成为当时密宗领袖，是密宗史上重要的宗教人物。同时，一行参与他们的译经工作，著有《大日经疏》。

开元五年（717年），唐玄宗李隆基派专人去接一行回长安。一行在长安一方面参加译经，一方面从事天文方面的科研工作。一行一生中最主要的成就是编制《大衍历》，开元九年（721年），玄宗命一行主持修编新历。一行花了7年的时间，参考了大量的资料，做了许多实测，制作仪器，以严谨的科学精神，终于写成《大衍历》，又为《大衍历》编制而制造了非常精密的黄道仪。在制造天文仪器、观测天象和主持天文大地测量方面也有颇多贡献。一行于开元十五年（727年）十月去世，玄宗亲自撰塔铭，谥一行"大慧禅师"号。

一行集科学家与高僧两种身份于一身，作为科学家，在中国科技史上具有重要的地位；作为佛教高僧，对密宗的发展和完善起到关键性作用，是我国文化史上值得纪念的伟人。

吴道子
WUDAOZI

吴道子（约685—约758年），字道子，后改名为道玄，画史尊称"吴生"。阳翟（今河南禹州）人，唐代著名画家，被称为"百代画圣"。

吴道子幼年家境贫寒，初为民间画工，曾随张旭、贺知章学习书法，后发奋改学绘画，渐渐掌握了绘画的妙法。由于他的刻苦好学，年未弱冠已"穷丹青之妙"，开元年间以善画被唐玄宗召入宫中。吴道子善佛道、神鬼、人物、山水、鸟兽、草木、楼阁等，尤精于佛道、人物，长于壁画创作。其笔下人物，大袖飘飘、线条流畅，有"吴带当风"的美誉。敦煌的唐宋壁画中可见类似风格。吴道子的绘画对后世影响极大，他被人们尊为"画圣"，被民间画工尊为祖师。苏轼曾称赞他说："画至于吴道子，而古今之变，天下之能事毕矣"，"出新意于法度之中，寄妙理于豪放之外"。

吴道子还热心弘扬绘画艺术，悉心教授弟子，使绘画艺术后继有人。弟子中较知名的有卢稜伽、李生、张藏、韩虬、朱繇、翟琰等。

吴道子大量创作壁画，少有作品传世。传至今日的《天王送子图》《宝积宾伽罗佛像》《道子墨宝》可能均为摹本。据载他曾于长安、洛阳两地寺观中绘制壁画多达三百余堵，奇踪怪状，无有雷同，其中尤以《地狱变相》闻名于时。徐悲鸿曾获吴道子的一幅残卷《八十七神仙卷》，此画气势磅礴，人物闲适秀丽，是中国古代绘画的精品。

吴道子是我国历史上最富成就的画家，他刻意求新，勇于创作，不落俗套。因此他的作品被称为"吴家样"，开一代画风，成为历代画师学习的楷模，为唐代和宋元以来的许多画家所效仿、借鉴。

唐 吴道子《天王送子图》

王昌龄
WANGCHANGLING

王昌龄像

王昌龄（698—756年），字少伯，河东晋阳（今山西太原）人，一说京兆长安（今陕西西安）人。盛唐著名边塞诗人。

王昌龄早年贫贱，困于农耕，年近不惑，始中进士。初任秘书省校书郎，又中博学宏辞科，授汜水尉，因事贬岭南。开元末返长安，改授江宁丞，被谤谪龙标尉（因此又称"王龙标"）。安史乱起，获准北返长安，途经亳州（今属安徽）时，为刺史闾丘晓所杀，时年58岁。

王昌龄是盛唐著名诗人，名重一时，被称为"诗家夫子王江宁"。他因数次被贬，在荒僻的岭南和湘西生活过，也曾来往于经济较为发达的中原和东南地区，并远赴西北边地，甚至可能去过碎叶（在今吉尔吉斯斯坦）一带。他善于捕捉典型的情景，有着高度的概括能力和丰富的想象力。其诗歌语言圆润和谐，意境深远，气势雄浑，格调高昂，充满了积极向上的精神。诗以七绝见长，许多描写边塞生活的七绝被推为边塞名作，后人称其为"七绝圣手"。存诗170余首，作品有《王昌龄集》。王昌龄在诗歌上的成就对我国后世诗歌的发展具有重要影响。

张萱
ZHANGXUAN

唐 张萱《捣练图》

　　张萱（生卒年不详），京兆长安（今陕西西安）人，唐代画家。开元年间可能任过宫廷画职。以善绘贵族仕女、婴儿、宫苑鞍马著称，在画史上通常与稍后于他的仕女画家周昉相提并论。

　　他画仕女尤喜以朱色晕染耳根；画婴儿既得童稚形貌，又有活泼神采。其笔下女性形象多体态丰腴、圆脸曲眉，但不同类型人物又风姿各异，具有鲜明的个性，表现了中唐时期贵妇人的典型风貌。他是周昉仕女画的先导，直接影响晚唐五代的画风，对后世人物画的影响极为深远。作品有《虢国夫人游春图》《贵公子夜游图》《捣练图》等。名作《捣练图》通过描绘妇女捣练、熨练、缝制的情景，反映了唐代丝织业的操作情景。其作品均不传世，目前仅见宋徽宗临摹的《捣练图》和《虢国夫人游春图》。

王维
WANGWEI

　　王维（701—761年，一作699—761年），字摩诘，号摩诘居士，世称"王右丞"，河东蒲州（今山西运城）人，唐朝著名诗人、画家。

王维像

王维聪明过人，才华早显，善诗赋，长绘画，精通音律，15岁时去长安应试，立即受到京城王公贵族的青睐。开元九年（721年）中进士，任太乐丞；开元二十三年（735年）张九龄执政，擢为右拾遗，次年迁监察御史，后奉命出塞，为凉州河西节度幕判官。此后在长安以南蓝田辋川山麓修建了一所别墅，过着半官半隐的悠闲生活。玄宗天宝十四载（755年）爆发了安史之乱，在战乱中他被贼军捕获，被迫出任伪职，战乱平息后下狱。因被俘时曾作《凝碧池》抒发亡国之痛和思念朝廷之情，加之其弟王缙平反有功请求削籍为兄赎罪，得宽宥，降为太子中允，后兼迁中书舍人，终尚书右丞。

王维在诗歌上的成就是多方面的，无论边塞诗、山水诗、律诗还是绝句都有脍炙人口的佳篇。今存诗400余首，代表诗作有《相思》《山居秋暝》等。王维具有多种才艺，不仅是历代文人公认的"诗佛"，也是文人画的南山之宗，并且通音律、善书法，篆的一手好刻印，是少有的全才。不同艺术相互渗透对其诗歌产生了深刻的影响。他以画入诗，以清新淡远、自然脱俗的风格，创造出一种"诗中有画，画中有诗""诗中有禅"的意境，使山水诗达到前所未有的高度。王维的诗无论诗的题材内容还是诗歌的艺术风采都对后世诗歌产生了深远的影响。

李白（701—762年），字太白，号青莲居士，又号"谪仙人"，剑南道绵州昌隆县（今四川江油）人，唐代伟大的浪漫主义诗人，

李白像

被后人誉为"诗仙"。

李白自4岁接受启蒙教育，攻读诸子史籍，喜好作赋、剑术、奇书、神仙，青年时期游历各地。天宝元载（742年），得到玄宗赏识，供奉翰林。由于性格桀骜不驯，所以仅仅不到两年就离开了长安。安史之乱时，李白入为永王李璘幕僚，后因此获罪入狱。幸得郭子仪力保，方得免死，改为流徙夜郎（今贵州关岭县一带），在途经巫山时遇赦，欣喜之中写下《早发白帝城》。762年李白病重，逝于当涂寓所，终年62岁。

李白一生创作了大量的诗歌作品，流传至今的有900多首。李白的诗雄奇飘逸，艺术成就极高。他讴歌祖国山河与美丽的自然风光，风格雄奇奔放、俊逸清新，富有浪漫主义精神，达到了内容与艺术的完美统一。其作品如天马行空，浪漫奔放，意境奇异；诗句如行云流水，宛若天成。李白好古体诗，擅长七言歌行、五言古风和乐府诗，在多种体裁上都留下了绝唱佳作。他继承陈子昂提倡的诗歌革命，反对南齐、萧梁以来的形式主义，无论在内容或形式上，都使唐诗得到创造性发展。其诗大多以描写山水和抒发内心的情感为主，具有"笔落惊风雨，诗成泣鬼神"的艺术魅力。李白的诗歌对后代产生了极为深远的影响，中唐的韩愈、孟郊及宋代的苏轼等著名诗人都受到他的影响。有《李太白集》传世。

慧超（704—783年），也作惠超，唐代新罗僧人。

慧超16岁从密教大师金刚智学习，723

年从中国泛海至印度，727年取道陆路经西域返回长安。慧超在长安复从金刚智学习，并开始翻译《大乘瑜伽金刚性海曼殊室利千臂千钵大教王经》，后在五台山将此经译完。

慧超是8世纪初西域政治形势剧变的见证人。他著有《往五天竺国传》，记载了唐朝与吐蕃两大势力在西域对峙的情况，突厥贵族在此称王后，受当地文化影响，皈依了佛教，小乘教法流行。他还追述了波斯被大食灭亡的大致经历，说大食原来为波斯的"牧驼户"，后来背叛波斯，杀波斯王，吞并其国。慧超注意到波斯人擅长经商，有许多波斯胡商从西海（今阿拉伯海）泛舟至南海（今印度洋水域），向狮子国（今斯里兰卡）"取诸宝物"，亦向昆仑国（今东南亚）"取金"，还航行至"汉地"即中国进行贸易。书中对所谓"昭武九姓"的祆教信仰也多有描述。这些都成为8世纪前后关于西域和中亚一带重要的文献资料，为学者所重视。

慧超的《往五天竺国传》后来散佚。20世纪初敦煌遗书发现以后，经学者辨认，在伯希和运往法国的敦煌残卷中，有一件首尾残缺的抄本与《往五天竺国传》吻合，从而确定为慧超著作的残卷。

颜真卿
YANZHENQING

颜真卿（709—784年），字清臣，京兆万年（今陕西西安）人，唐代著名政治家、书法家。颜真卿创立"颜体"楷书，与赵孟頫、柳公权、欧阳询并称为"楷书四大家"。颜真卿的正楷端庄雄伟、气势开张，行书遒劲有力，人称"颜体"，与柳公权并称"颜柳"，有"颜筋柳骨"之誉。

颜真卿像

颜真卿出身于翰墨世家，学识过人，清正廉明。开元二十二年（734 年）中进士，历任监察御史、殿中侍御史等。因受杨国忠排斥，被贬为平原郡太守，人称"颜平原"。他预知安禄山不轨之心，加强城备，集训兵马，囤积粮草。天宝十四载（755 年），安禄山叛乱，中原陷落，独平原郡和颜杲卿镇守的常山郡坚守抵抗，有效地牵制了安禄山的西进速度。肃宗诏授他工部尚书，迁御史大夫、河北招讨使。代宗时官至吏部尚书、太子太师，封鲁郡公，人称"颜鲁公"。兴元元年（784 年），遭宰相卢杞陷害，被遣往叛将李希烈部晓谕，凛然拒贼，终被缢杀。

颜真卿的书法初学褚遂良，后又得笔法于张旭，继承前代书法之长，创立了独具魅力的"颜体"，开唐一代书风。"颜体"雄秀端庄，方严正大，富有立体感。其用笔浑厚强劲，气势磅礴，代表着盛唐气象，对我国书法艺术的发展做出巨大贡献。

颜真卿的传世作品以碑刻最多，楷书有《多宝塔碑》《麻姑仙坛记》《东方朔画像赞》《颜勤礼碑》《颜氏家庙碑》等，行书有《争座位帖》，书迹有《自书告身帖》《祭侄季明文稿》。诗文后人编辑有《颜鲁公文集》十五卷。

杜甫（712—770 年），字子美，自号少陵野老，河南巩县人。唐代伟大的现实主义诗人，与李白合称"李杜"。杜甫在中国古典诗歌中的影响非常深远，被后人称为"诗

杜甫像

圣"，他的诗被称为"诗史"。后世称其为杜拾遗、杜工部，也称他杜少陵、杜草堂。

杜甫出生在一个世代"奉儒守官"的家庭，家学渊博。他自小好学，7岁能作诗。早年多次参加科举，期望实现"致君尧舜上，再使风俗淳"的政治理想，但都未能中第。为实现自己的政治理想，杜甫客居长安十年，奔走献赋，郁郁不得志，过着颠沛流离的生活。其间许多作品反映当时的民生疾苦和政治动乱，揭露统治者的丑恶行径。安史之乱爆发后，杜甫冒险逃出长安，投奔肃宗，授为左拾遗，故世称"杜拾遗"。后因受房琯案牵连，于乾元元年（758年）六月被贬为华州司功参军。759年杜甫弃官入川，虽然躲避了战乱，生活相对安定，但他仍然心系苍生、胸怀国事。在四川漂泊了八九年，又至湖北、湖南，770年冬，客死在由长沙到岳阳的一条破船上，时年59岁。

杜甫的诗歌题材广泛，寄意深远，反映当时社会矛盾和人民疾苦，记录了唐代由盛转衰的历史巨变，表达了崇高的儒家仁爱精神和强烈的忧患意识，因而被誉为"诗史"。其诗兼备众体，以古体、律诗见长，风格多样，是唐诗思想艺术的集大成者。杜甫忧国忧民，人格高尚，诗艺精湛。他一生写诗1500多首，大多集于《杜工部集》，很多是传颂千古的名篇，如"三吏"和"三别"。杜甫是唐代留诗最多、题材最广泛的诗人之一，对中国文学和日本文学都产生了深远的影响。

韩滉
HANHUANG

韩滉（723—787 年），字太冲，京兆长安（今陕西西安）人。唐代著名画家。

韩滉在政治上致力于国家统一，参与平定藩镇叛乱的斗争。他曾任过宰相，但公务之余雅好文艺，工书善画，亦能鼓琴。书法学张旭草书，得其韵味。绘画远师南朝陆探微。善画人物，尤喜画农村风俗和牛、马、羊、驴等。风俗作品曾有《田家风俗图》《田家移居图》《丰稔图》等，广泛地反映了当时农村的生活和习俗。其画牛能曲尽其妙，表现出牛漫步、疾驰、鸣叫、顾视等各种情态以及村童放牧的生活情趣。曾作《集社斗牛图》《古岸鸣牛图》《归牧图》《乳牛图》等。其传世作品《五牛图》（故宫博物院藏）纸本设色，纵 20.8 厘米，横 136.8 厘米，画五只肥壮的黄牛分别作昂首、独立、嘶鸣、回首、擦痒之状，笔法精妙，

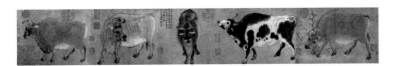

唐 韩滉《五牛图》

（局部）

线条流畅优美，形神俱佳，表现出高超的笔墨技巧，是难得的唐画佳作。卷后有元赵孟頫、孔克表，明项元汴，清高宗弘历等人题记。

韩滉的田园风俗绘画与杜甫、张籍、元稹等反映社会现实的诗作相互辉映，表现出曾经目睹过开元、天宝的盛世景象又经历过安史之乱的一代文人对民生疾苦的深切忧虑和同情。其绘画中牛的形象正是其"任重而顺"、甘于寂寞的人生写照，画中的村田乡野、牧童农夫也正是其感情所系。

韩滉开创了田园风俗绘画的先声，并深深影响了戴嵩、李渐、张符、邱文播等一批以田园风俗为题材的画家的创作，形成了以韩滉为首的田园风俗绘画一派，对后世耕织图的发展也有一定的启示意义。

怀素 HUAISU

怀素（725—785年），字藏真，僧名怀素，俗姓钱，永州零陵（今湖南永州零陵区）人。唐代杰出的书法家，其草书在书法史上领一代风骚，被称为"狂草"。

怀素幼年出家，最初修习佛经、历律书，后来留意于书法。但贫穷无纸墨，他为练字在寺院旁种了一万多棵芭蕉，用蕉叶代纸铺在桌上，临帖挥毫。他勤学精研，写坏的笔头很多，埋在一起，名为"笔冢"。后西游长安，遍访唐朝名家，寻访前朝遗书，融会贯通，书法技艺大进。他所书"狂草"，用笔圆劲有力，使转如环，奔放流畅，一气呵成，可以说是古典浪漫主义艺术，对后世影响极为深远。

怀素的草书有《自叙帖》《苦笋帖》《食鱼帖》《圣母帖》《论书帖》《大草千文》《小草千字文》《四十二章经》《千字文》《藏真帖》《律公贴》《七帖》《北亭草笔》等等。其中《律公帖》极为瘦削，骨力强健，谨严沉着；《自叙帖》则风韵荡漾，真是各尽其妙。在草书艺术史上，怀素其人和他的"狂草"一直为书法爱好者所喜爱。

怀素也能作诗，与李白、杜甫、苏涣等诗人都有交往。好饮酒，每当饮酒兴起，不分墙壁、衣物、器皿，任意挥写，时人谓之"醉僧"。

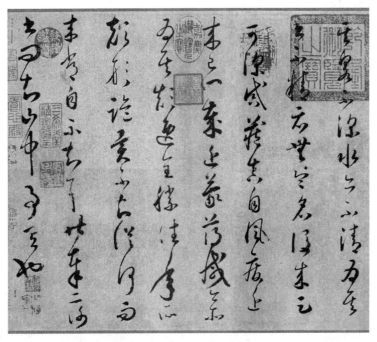

唐 怀素书《论书帖》（局部）

贾耽
JIADAN

贾耽像

贾耽（730—805年），字敦诗，沧州南皮（今河北南皮）人，唐朝著名地理学家。

贾耽出身官宦世家，天宝十载（751年）参加科举考试，以明经登第。一生为官47年，其中居相位13年，永贞元年（805年）十月一日卒于长安，享年76岁，葬于长安高阳原。贾耽生活在唐王朝由繁荣昌盛的顶峰走向衰落的转折时期。他长期在地方和中央任重要职务，目睹了国势衰落、边疆多事的情况，深感忧虑。因此，他根据国家的需要，充分利用各种机会，结合政治、军事研究和考察地理。贾耽是继裴秀之后我国地理地图史上又一位划时代的人物。他经过17年的充分准备，终于绘成名闻遐迩的《海内华夷图》，并撰写了《古今郡国县道四夷述》，继承了裴秀首创的"制图六体"，使唐代的制图水平达到了新的高峰，对后世的地图制作产生了深远影响，成为中国地图史上的瑰宝。此外，他编撰的《皇华四达记》详细记载了唐时丝绸之路的7条线路，是我国较早记载丝绸之路的地理文献。书中对南海部分岛屿作了较为详细的记述，是中国对外宣示南海领土和海权的重要依据。

杜佑
DUYOU

杜佑像

杜佑（735—812年），字君卿，京兆万年（今陕西西安）人。唐中叶宰相，史学家、财政家。生于世宦之家，最大贡献为撰修《通典》。

杜佑出身世族，自小喜读史书，18岁以父荫入仕为济南郡参军，累迁工部郎中、江西青苗使、经略使等。唐德宗即位后，杜佑被重新调回京城担任工部郎中，并任水陆转运使、度支郎中兼和籴使。贞元六年（790年），出任淮南节度使。十九年（803年），入朝为相。元和七年（812年），卒于长安，终年78岁，赠太子太傅。

杜佑为官60年，历玄、肃、代、德、顺、宪六朝，正是唐代在安史之乱后由盛转衰的时期。他官居宰相多年，对当时的政治、经济、军事状况比较了解，对朝政弊端也有所认识，因此在国家政策上颇有自己的主张。在政治上，他以富国安民为己任，针对时弊，提出节省开支、裁减官员的主张，同时他又精于吏道，颇受朝野敬重；在经济上，他提醒统治者要重视粮食、土地与人口三者的关系，轻徭薄役，实行两税法，使人民与土地相结合，减少流亡；在文化思想上，他希望总结历代典章制度的历史演变、得失兴革而对现实的政治进行改革，因而穷尽36年的心血博览古今典籍和历代名贤论议，考溯各种典章制度的源流，撰成二百卷的巨著《通典》。这是我国第一部记述典章制度的专著，开创了我国典章制度专史的先河，具有重要的历史和学术价值。

韦应物像

韦应物（737—约792年），京兆万年（今陕西西安）人，唐代著名田园派诗人。

韦应物出身世家，15岁起以三卫郎为玄宗近侍，出入宫闱，扈从游幸。安史之乱起，流落失职，始立志读书。代宗广德至德宗贞元年间，先后为洛阳丞、京兆府功曹参军、鄠县令、比部员外郎、滁州和江州刺史、左司郎中、苏州刺史。贞元七年（791年）前后，罢官闲居苏州，无资返回长安，租地耕种以糊口。约贞元八年（792年）卒于苏州，终年55岁。世称韦江州、韦左司或韦苏州。

韦应物是中唐艺术成就较高的诗人，其诗多写山水田园，景致优美，感受深细，清新自然而饶有生意，艺术造诣较深。他长期担任地方行政官吏，亲身接触到战火离乱的社会现实，也写了不少具有一定现实意义的好作品。在宦海浮沉的生活中，他对当时的政治腐败也有所认识，但又缺乏抗争的勇气，感到无可奈何，这就使得他的心情陷于苦闷与矛盾状态，部分诗篇思想消极、孤寂低沉。其诗多送别、寄赠、感怀之作，情感真挚动人。田园山水诸作，语言简淡，风格秀朗，气韵澄澈。著有《韦苏州集》。

惠果

HUIGUO

惠果（746—805年），俗姓马，长安（今陕西西安）人。唐代密宗著名高僧，密教传法第七祖。

因住长安青龙寺，世称青龙阿阇黎。9岁出家，随不空的弟子昙贞研习诸经，后受不空赏识器重，成为其传法弟子。大历元年（766年），20岁的惠果受具足戒后，依止不空受金刚界密法，之后又从善无畏的弟子玄超受胎藏及苏悉地诸法，并融会二法，倡立"金胎不二"思想，在青龙寺东塔院设灌顶道场，上至朝廷权贵，下至庶民百姓，都从惠果受灌顶，时称密宗大师。后常应诏入宫为帝王后妃、文武百官等修法，历任代宗、德宗、顺宗三朝国师，倍受崇敬。

印度密教传入大唐，到惠果时始得完备。他整理完善了胎藏界十三大院的结构，在胎藏界确定了释迦院的位置，厘定了金刚界、胎藏界所有金刚名号，确定了十八契印为密教修法之根本形式，完善金刚界曼荼罗。编写出金刚界阿阇黎大曼荼罗灌顶仪轨，改变印度正纯密教以土坛供养形式，而启用适合大唐情况的水木坛，使密教和中国本土文化相结合，成为中土佛教重要教派。惠果在青龙寺弘传密宗40年，入门弟子和信徒甚多。各国入唐求法者多从其受密宗教义，曾授法日僧空海和新罗僧惠日、悟真等，将此宗传入日本、新罗。永贞元年（805年）圆寂于青龙寺，享年60岁。现存碑文由弟子空海奉敕撰写。

韩愈
HANYU

韩愈像

韩愈（768—824 年），字退之，河南河阳（今河南孟州）人，郡望河北昌黎，世称"韩昌黎""昌黎先生"。唐代诗人、文学家、思想家，唐宋八大家之一。

韩愈 3 岁丧父，7 岁读书，13 岁能文，25 岁登进士第。官四门博士，后任监察御史，因上书论天旱人饥状，请减免徭役赋税，指斥朝政，被贬为阳山令。历官河南令、职方员外郎，至太子右庶子，仕宦一直不得志。宪宗时，曾随同裴度平定淮西藩镇之乱，任行军司马，升任刑部侍郎。元和十四年（819 年）宪宗迎佛骨，他上表力谏，为此被贬为潮州刺史，后于穆宗时召为国子监祭酒，历任京兆尹及兵部、吏部侍郎。长庆四年（824 年），因病卒于长安，终年 57 岁，赠礼部尚书，谥号文，故称"韩文公"。

韩愈是我国唐代著名的文学家，他领导了中唐时期的古文运动，在散文方面取得了突出的成就，被苏轼誉为"文起八代之衰"；他提出了"文以载道"和"文道结合"的主张，反对六朝以来的骈偶之风。其所著古文众体兼备，举凡政论、表奏、书启、赠序、杂说、人物传记、祭文、墓志乃至传奇，无不擅长。其论说文气势雄浑，结构严谨，逻辑性强；记叙文则爱憎分明，抒情性强。韩文雄奇奔放，风格鲜明，语言上亦独具特色，尤善锤炼词句，推陈出新，许多精辟词语已转为成语，至今仍保存在文学语言和人们的口语中，如"业精于勤""刮垢磨光""贪多务得"。韩诗成就虽不如其散文，但勇于创造，大胆革新，独树一帜，较广泛地反映了当时的现实，成为中唐时期诗坛上一位影响较大的诗人。韩愈在政治上主张天下统一，反对藩镇割据。同时，韩愈热心教育，"收召后学""抗颜而为师"，特别重视教育和培养后进，其教育思想亦有较大影响。存世作品有《韩昌黎集》四十卷、《外集》十卷等等。

白居易
BAIJUYI

白居易像

　　白居易（772—846年），字乐天，号香山居士。又号醉吟先生，下邽（今陕西渭南北）人，唐代著名现实主义诗人。他的诗歌题材广泛，形式多样，语言平易通俗，有"诗王"之称。有《白氏长庆集》传世，代表诗作有《长恨歌》《卖炭翁》《琵琶行》等。

　　贞元十六年（800年）中进士，先后任秘书省校书郎、盩厔尉、翰林学士，元和年间任左拾遗。元和十年（815年），宰相武元衡被刺，白居易上书力主严缉凶手，由此得罪宦官、权臣，以"越职言事"被贬为江州司马。穆宗即位，回朝任司门员外郎、主客郎中、知制诰、中书舍人等。822年，白居易自请外放，出为杭州刺史。会昌二年（842年），以刑部尚书致仕。隐居洛阳龙门香山寺，饮酒作诗自娱。会昌六年（846年）卒，终年75岁。

白居易是中唐时期影响极大的大诗人，在中国诗史上占有重要的地位。他继承了《诗经》以来的比兴美刺传统，重视诗歌的现实内容和社会作用，提出了著名的"文章合为时而著，歌诗合为事而作"的现实主义创作原则，强调诗歌揭露、批评政治弊端的功能。他的诗歌通俗易懂、流畅自然，因此流传极广，对后代产生了深远影响。代表作有"新乐府"50首、《秦中吟》10首。它们广泛反映了中唐社会生活各方面的重大问题，着重描写了现实的黑暗和人民的痛苦。长篇叙事诗《长恨歌》《琵琶行》等名篇则代表他艺术上的最高成就。白居易是一位多产的作家，一生创作甚富，传世诗作有 3000 多首，辑为《白氏长庆集》七十五卷、《白氏六帖》三十卷，成为我国古代文化宝库的珍贵遗产。

柳宗元
LIUZONGYUAN

柳宗元像

柳宗元（773—819年），字子厚，祖籍河东（今山西南部），世称"柳河东""河东先生"。唐宋八大家之一，唐代文学家、哲学家和思想家。

柳宗元出生于京城长安，少有才名，贞元九年（793年）中进士，十四年登博学宏词科，授集贤殿书院正字，后为蓝田尉，迁为监察御史。805年，顺宗即位，王叔文掌权，柳宗元积极参与王叔文集团政治革新，迁礼部员外郎。永贞元年（805年）九月，革新失败，贬邵州刺史，十一月加贬永州（今湖南永州）司马，元和十年（815年）春回京师，不久再次被贬为柳州刺史，因此又称"柳柳州"，元和十四年（819年）卒于柳州任所。一年后，灵柩归葬于京兆万年县凤栖原（今陕西西安南郊）。

柳宗元被贬永州后，生活艰苦，但他接触了现实，体会民间疾苦，对其文学创作有极大影响。在柳州任上，他推行兴利除弊的改革措施，兴办教育，移风易俗，发展水利，开垦荒地，促进当地生产的发展。柳宗元一生留诗文作品达六百余篇，对中国古代诗歌、辞赋、散文、游记、寓言、小说、杂文以及文学理论诸方面都做出了突出的贡献。他和韩愈发起领导的古文运动，推崇先秦两汉文章，主张文以明道，强调文须有益于世，注重文学的社会功能，代表着当时文学运动的进步倾向，对后世产生了深远的影响。柳宗元诗歌题材广泛，清新峻爽，有较高的社会意义和艺术价值；散文内容丰富，技巧纯熟，语言精练生动。柳宗元为"唐宋八大家"之一，堪称中国历史上最杰出的散文家。其山水游记最为世人称道，确立了山水游记作为独立的文学体裁在文学史上的地位。

柳宗元又是一位思想家和哲学家，留下大量哲学、政论文章及杂文，笔锋犀利，论证精确。他的《天说》《天对》《非国语》《封建论》等文集中反映了他的唯物主义思想。他反对神学，强调人事，用朴素唯物主义观点解说"天人之际"，把古代朴素唯物主义无神论思想发展到了一个新的高度，是中唐时代杰出的思想家。其政治思想主要表现为重"势"的进步社会历史观和儒家的民本思想。他还提出顺应人性、从师以明道、"师友"等进步的教育观。作品有《河东先生集》等存世。

空海（774—835年），俗名佐伯真鱼，谥号弘法大师，日本赞岐国（今香川县）人。日本佛教僧侣，日本佛教真言宗创始人。

795年，空海于奈良东大寺受具足戒，唐德宗贞元二十年（804年）入唐学法。在长安期间，遍访各地高僧，从惠果受献藏界和金刚界曼荼罗法，获得了密教正宗嫡传名位和向后代传法的身份，是唐代唯一得到密宗传法资格的外来僧人。空海于元和元年（806年）三月归国，带回大量的经籍文书及法器道具，其中经论疏章达216部、461卷之多，大都为唐密经典，其中新译经等一142部、247卷，梵字真言赞等42部、44卷，论典章疏等32部、170卷，曼荼罗图及祖师道影等10幅，法器道具9种，惠果等咐嘱物13种，还带回许多经传、诗文、杂书等，为日后奠定日本传统文化打下了坚实的基础。

空海回国后在日本创立真言宗，即流传于日本之密宗，为日本八宗之一。由他编纂的《篆隶万像名义》，则是日本第一部汉文辞典，另一作品《文镜秘府论》是了解汉唐中国文学史的重要资料。空海是中日文化交流的代表人物，对唐朝文化在日本的传播起到了重要的作用。

白行简（约776—826年），字知退，华州下邽（今陕西渭南临渭区下邽镇）人，白居易之弟，唐代文学家。

白行简元和二年（807年）进士及第，授秘书省校书郎，累迁司门员外郎、主客郎中，又曾任度支郎中、膳部郎中等职。宝历二年（826年）冬，白行简病卒，时年52岁。著有文集十卷，文辞简易，有其兄白居易风格。

白行简敏而有辞，辞赋尤称精密，以善写传奇著称。其代表作《李娃传》，又名《汧国夫人传》，写荥阳大族郑生热恋长安娼女李娃，屡经波折，几乎丧生，终获美好结局。《李娃传》是中国唐宋传奇中最优秀的作品之一，故事情节波澜起伏，引人入胜。《李娃传》对李娃、郑生的描写恰如其分，人物形象较有个性，对某些具体场景的描绘也颇为细致逼真，表现了唐代传奇创作中写实手法的高度成就。

白行简还撰有《三梦记》等传奇，皆篇幅短小，文辞简质，而情节颇为离奇。白行简另撰有《天地阴阳交欢大乐赋》，出自甘肃省敦煌县鸣沙山石窟，堪称古今第一大奇文。此赋文辞清畅，多用俗言俚语，既雅丽又入俗，是古代用文学形式来叙写房中男女交欢的仅见之作。其旨在叙人伦，睦夫妇，和家庭，明延寿保健之道，从儒家正统道德的角度阐明了研究男女之性的可取性和必要性，是难得的主旨健康的性文学之作。荷兰学者高罗佩认为："这篇文章文风优美，提供许多关于唐代的生活习惯的材料。"

柳公权（778—865年），字诚悬，京兆华原（今陕西耀州）人，唐代著名书法家。

柳公权出身名门世家，从小就喜欢学习，12岁能为辞作赋，29岁进士及第。

柳公权像

他历仕宪、穆、敬、文、武、宣、懿七朝，先后任翰林学士、中书舍人、谏议大夫、太子少师等职，封河东郡公，世称"柳少师"。咸通六年（865年）卒，享年88岁，赠太子太师。

柳公权的书法初学王羲之，后遍观历代名家书法，吸取了颜真卿、欧阳询之长，在晋人劲媚和颜书雍容雄浑之间，形成遒劲、妩媚的书风，自成一家，创立"柳体"，与颜真卿齐名，人称"颜柳"，后世有"颜筋柳骨"的美誉。与欧阳询、颜真卿、赵孟頫并称我国"楷书四大家"。

"柳体"字形严正，笔力挺拔，书法结体遒劲，体势劲媚，以行书和楷书最为精妙。柳公权开创的"柳体"创造了一种新的书体美，代表着唐代书法艺术的最高水平，并一直影响着我国后代书法艺术的发展，可谓领一代风骚。

柳公权的书法在唐朝即负盛名，民间更有"柳字一字值千金"的说法。当时公卿大臣为先人立碑，如果得不到柳公权亲笔所书的碑文，会被认为不孝。外国使者来朝，都专门封上钱资，用以购买柳公权的作品。

柳公权传世作品有长安西明寺的《金刚经碑》《神策军碑》《李晟碑》《送梨帖题跋》《玄秘塔碑》等。柳公权亦工诗，《全唐诗》存其诗五首，《全唐诗外编》存诗一首。柳公权墓在今陕西耀州阿子乡让义村北约1公里处。墓前毕沅所书"唐兵部尚书柳公公绰墓"碑文，为省级文物保护单位。

金可记（？—858年），新罗（今韩国）人，道教传入韩国的重要传播者之一。

金可记博闻强记，沉静好道，唐开成年间（9世纪中叶）来长安留学，考中"宾贡进士"。后不求仕进，隐居终南山子午谷中修道。生前在谷中种植许多花果，秦岭"果峪"之名因此而得。据《续仙传》载，金可记在终南山修道期间，道教仙祖钟离权显世传授他内丹术，3年后金可记回国传道，成为把道教传入韩国的第一人。后复归终南山修道，并于唐宣宗大中十二年（858年）二月十五日在万众瞩目下羽化登仙。

金可记仙逝后，有好道者将他的传记同杜甫的诗一起刻写在巨石之上，成为珍贵的摩崖石刻。石刻的主要内容是金可记的传记，是根据南唐沈汾的《续仙传》浓缩的。关于这方石刻的年代，有学者断定为宋代，也有学者认为在唐末。现在此石刻已被切割移往长安区博物馆收藏。历代关于金可记的传记，除了《续仙传》以外，还有北宋李昉的《太平广记》卷五十二、张君房的《云笈七签》卷一一三和元代赵道一的《历世真仙体道通鉴》卷三十八等。随着中韩文化交流的开展，越来越多的韩国道教界人士到位于子午谷的金仙观遗址"寻根问祖"，并根据历史记载重修了金仙观。金可记在韩国传统仙道与中国道教的交流中起到了重要的桥梁作用。

杜牧
DUMU

杜牧像

杜牧（803—852年），字牧之，号樊川，京兆万年（今陕西西安）人。晚唐著名诗人和古文家。

杜牧出身长安士族，少时博通经史，文宗大和二年（828年），进士及第时26岁。同年又考中贤良方正直言极谏科，授校书郎。大和九年（835年），为监察御史，后转左补阙、史馆修撰。武宗会昌二年（842年），出为黄州刺史，转任池州、睦州刺史。为政能兴利除弊，关心人民。宣宗大中二年（848年），回朝为司勋员外郎、史馆修撰，转吏部员外郎。大中四年（850年），出为湖州刺史。次年，被召入京为考功郎中、知制诰，迁中书舍人。大中七年（853年）卒于长安，终年50岁。

杜牧的文学创作有多方面的成就，诗、赋、古文均取得较高成就。在诗歌创作上，杜牧与晚唐另一位杰出的诗人李商隐齐名，并称"小李杜"。他的古体诗受杜甫、韩愈的影响，题材广阔，笔力峭健。他的近体诗则以文词清丽、情韵跌宕见长。尤以七言绝句著称，内容以咏史抒怀为主，著名的有《江南春》《泊秦淮》《过华清宫》等。其论史绝句的形式，颇为后来文人所仿效。杜牧擅长文赋，其《阿房宫赋》为后世所传诵。存世《樊川文集》二十卷。同时，杜牧工书画，善行草，风格雄健，深得六朝风韵，绘画作品流传于世的有《文皇兰亭》。

李商隐（约813—约858年），字义山，号玉溪生，又号樊南生，原籍怀州河内（今河南沁阳），祖辈迁荥阳（今河南郑州荥阳市）。唐代著名诗人。

李商隐"五岁诵经书，七岁弄笔砚"，至16岁便因擅长古文而得名。大和三年（829年）移家洛阳，结识白居易、令狐楚等前辈。唐文宗开成二年（837年）在长安进士及第，任秘书省校书郎、弘农尉。同年，应泾原节度使王茂元的聘请，去泾州（今甘肃泾川北）当了王的幕僚。王茂元对李商隐的才华非常欣赏，将女儿嫁给了他。这桩婚姻把李商隐卷入"牛李党争"的政治旋涡，他备受排挤，一生困顿不得志。唐宣宗大中末年，李商隐在郑州病故。

李商隐的诗歌在晚唐独树一帜，是为数不多的刻意追求诗意美的作者。他擅长诗歌写作，尤长于七言律绝。他是继杜甫之后，唐代七律发展史上的第二座里程碑，将唐诗推向了又一个高峰，是对后世最有影响力的诗人之一。其诗构思新奇，风格秾丽，尤其是一些爱情诗和无题诗写得缠绵悱恻、优美动人，广为传诵，开创了中国诗歌的新风格、新境界。其骈文文学价值也很高。他和杜牧合称"小李杜"，与温庭筠合称"温李"。

韦庄
WEIZHUANG

韦庄（836—910年），字端己，长安杜陵（今陕西西安南）人，唐末著名诗人。

韦庄少孤贫力学，才敏过人，工诗词。广明元年（880年）黄巢起义军攻占长安，他目睹当时战乱，逃往洛阳后，写成《秦妇吟》，影响很大，被称为"秦妇吟秀才"。后流浪江南一带，漂泊近十年。昭宗乾宁元年（894年）进士及第，授校书郎，时已年近六十。乾宁四年（897年）改任左补阙。天复元年（901年）66岁时，应王建之聘入川为掌书记。天祐四年（907年），朱温篡唐，唐亡。韦庄力劝王建称帝，王建为前蜀皇帝后，任命他为宰相，蜀之开国制度多出其手，后终身仕蜀，官至吏部侍郎、同平章事。75岁卒于成都花林坊。

韦庄在唐末诗坛上有重要地位。他前逢黄巢农民大起义，后遇藩镇割据大混战，忧时伤乱为他诗歌的重要题材，较为广阔地反映了唐末动荡的社会面貌。其代表作长篇叙事诗《秦妇吟》，长达1666字，为现存唐诗中最长的一首。诗中通过一位从长安逃难出来的女子即"秦妇"的叙说，正面描写黄巢起义军攻占长安、称帝建国，与唐军反复争夺长安以及最后城中被围绝粮的情形，布局谨严，脉络分明，标志着中国诗歌叙事艺术的发展高度。

韦庄与温庭筠同为花间派的重要词人，并称"温韦"。现存《浣花集》六卷、《浣花词》一卷。

李昭道
LIZHAODAO

李昭道（生卒年不详），字希俊，陇西成纪（今甘肃秦安）人，唐代画家，唐朝宗室彭国公李思训之子。当时人称其父子为"大李将军""小李将军"，大李将军指李思训，小李将军指李昭道。

李昭道擅长青绿山水，兼善鸟兽、楼台、人物。画风巧赡精致，虽"豆人寸马"，也画得须眉毕现。由于画面繁复，线条纤细，论者亦有"笔力不及思训"之评。曾作《秦王独猎图》《海岸图》《摘瓜图》等六件，著录于《宣和画谱》。传世作品有：《春山行旅图》轴，图录于《故宫名画三百种》；《明皇幸蜀图》卷，现藏台北故宫博物院。

李昭道的《明皇幸蜀图》，是典型的青绿山水作品，画中运用的石青石绿虽经过久远的时间，仍然清晰可见。"明皇幸蜀"描述的是唐明皇在安史之乱的时候，放弃首都长安，迁至四川避难途中的情形。画面中绘着壮丽险峻的山川，仔细观察可以看见山下山中有些很小的人骑着马行进在这蜿蜒崎岖的山路间，这些人马就是唐玄宗到四川避难的队伍。李昭道将安史之乱的文字历史转化成生动的画面，使这幅画兼具历史及政治意义。

韩干
HANGAN

韩干（生卒年不详），京兆蓝田（今陕西蓝田）人，唐代杰出画家。

韩干出身下层，相传年少时曾为酒肆雇工，经王维资助，学画十余年而艺成。善绘肖像、人物、鬼神、花竹，尤工画马。唐玄宗年间，被召入宫为"供奉"。韩干重视写生，坚持以真马为师，遍绘宫中及诸王府之名马，细心观察马的习性，对比马的性格特征，找出马的动作规律，并把各种各样的马记录在案。所绘马匹，体形肥硕，神态安详，比例准确，一改前人画马螭颈龙体、筋骨毕露、姿态飞腾的"龙马"风格，创造了富有盛唐时代气息的画马新风格。

其画作有：《姚崇像》《安禄山像》《宁王调马打球图》《龙朔功臣图》等，均录于《历代名画记》；《内厩御马图》《圉人调马图》《文皇龙马图》等 52 件，辑于《宣和画谱》；传世作品有《牧马图》，录于《故宫名画三百种》。

周昉
ZHOUFANG

周昉（生卒年不详），字仲朗，一字景玄，京兆长安（今陕西西安）人，唐代著名画家，主要活动于代宗和德宗时期（762—804 年）。

周昉出身于门阀贵族，父祖兄长均以军功为官。他自幼不尚武功，性好属文，尤其酷爱绘画，孜孜不倦，刻苦钻研，"穷丹青之妙"。周昉的绘画艺术造诣很深，技法精湛。他以善画仕女著称，又以画佛像见长。

周昉虽不及其师张萱广博，但艺术上有许多独到之处。他创制出体态端严的"水月观音"，将观音绘于水畔月下，颇有艺术魅力。这不仅为画工所仿，而且也成为雕塑工匠的造型样式。周昉还教授了一批弟子，传授自己的绘画技艺，培养和造就了一批造诣较深的绘画人才。后人将周昉的人物画特别是仕女画和佛像画的造型尊为"周家样"，是中国古代最早具有画派性质的样式，为历代画家所推崇。

传世作品有《簪花仕女图》《挥扇仕女图》《调琴啜茗图》等。《簪花仕女图》取材宫廷女性生活，后宫嫔妃妆饰华丽奢艳，体态丰腴，正从容悠缓地在庭园散步。背景极其简括，画面的意境、情调主要是通过对人物形象和神态的刻画表现出来的。周昉的绘画作品不仅在国内颇负盛名，而且蜚声国外，对新罗和日本等东方国家的绘画艺术也产生了较深的影响。

曹善才
CAOSHANCAI

曹善才（生卒年不详），原为西域昭武九姓的曹国人，世居长安，唐代著名琵琶演奏家，主要活动于贞元年间（785—805年）。

曹善才出身琵琶演奏世家，"善才"不是他的本名，唐代称技艺高超的乐师为"善才"。曹善才的琵琶演奏技艺非常高妙，所以大家就称他为"曹善才"，他的真名反而没有人知道了。其父曹保、其子曹刚都是当时有名的琵琶演奏家。

曹善才的演奏技艺很高，成为当时人们追摹的一个标准。元稹在《琵琶歌》里称赞段善本的高足李管儿的传人铁山，说"铁山已近曹穆间"，元稹自注说"曹、穆"是"二善才姓"。白居易《琵琶行》里面的琵琶女，就说自己是曹、穆二善才的学生。曹善才死后，诗人李绅写了一首《悲善才》的诗悼念他，诗中回忆了他弹奏琵琶的情景：一次皇上到蓬莱池游幸，金殿上红烛高烧，侍女列坐，教坊乐工表演着精彩的歌舞。这时，曹善才的琵琵声响起，于是，"众乐寂然无敢举"，大家都静下来，聆听曹善才的演奏。只见他右手金拨翻飞，左手转腕拢捻，只觉得"花翻凤啸天上来，裴回满殿飞春雪"，如闻"金铃玉佩相磋切""仙鹤雌雄唳明月"，好像是"九霄天乐下云端"。曹善才曾在宫廷教坊中担任乐师，传授弟子多人。

瞿昙悉达
QUTANXIDA

　　瞿昙悉达（生卒年不详），生于唐高宗时代（约7世纪下半叶），卒于唐玄宗年间（约8世纪上半叶），世居长安，唐代天文学家。

　　瞿昙悉达祖籍印度，其先世由印度迁居中国。从1977年5月西安市文物管理处发掘瞿昙墓所获墓志铭中，得知其五代世系如下：瞿昙悉达之父为瞿昙罗，祖名瞿昙逸；悉达第四子瞿昙譔；譔有六子，依次名升、昇、昱、晃、晏和昴。即这一家族从瞿昙罗至瞿昙晏，四代供职国家天文机构，曾先后担任过太史令和司天监，前后达一百多年。瞿昙罗曾于麟德二年（665年）编制《经纬历》，诏与李淳风的《麟德历》相参行。武周圣历元年（698年）又奉命制《光宅历》，不过尚未完成时武则天便决定废止该历。其子瞿昙悉达影响最大。唐睿宗景云二年（711年），瞿昙悉达奉敕作为主持人，参加修复北魏晁崇所造铁浑仪的工作，并于唐玄宗先天二年（713年）完成。开元二年（714年）奉敕编撰《开元占经》。《开元占经》保存了唐以前大量的天文、历法资料和纬书，还介绍了16种历法有关纪年、章率等的基本数据，在天文史上具有重要的研究价值。开元六年（718年）翻译印度历法《九执历》，介绍了当时印度的天文学，包括日月运动和日月蚀计算法等，将印度数字"0"（零）引入中国。

李素
LISU

李素（生卒年不详），字贞一。7岁的时候，父亲去世，贫穷而无法度日，母亲只得将李素交给别人抚养。长大后，李素通晓经书，被选为官吏，先后任弘农簿、芮城尉等职。

唐德宗贞元初年（785年），李泌任陕虢观察水陆运使，李素就在李泌手下工作。唐宪宗元和初年，衢州发生饥荒，李素任衢州刺史，后又迁任苏州。元和二年（807年），盐铁转运使李锜谋反，各州刺史都束手无策，不敢同李锜交锋。李素带领左右兵将，同贼将姚志安在州门大战。李素战败后，严装端立，大声批驳姚志安等人的谋反之罪，贼兵都不敢上前。李素被俘后，被用镣铐锁住绑在船舷上。贼兵北上，没有到达京师就被官军打败。李素也因此得救。元和五年（810年），任河南少尹，行大尹的权力，每年减免百姓赋税50万，请求朝廷缓征赋税一个月。宪宗明白李素体察民生的用意，就下诏书令天下赋税都缓征一个月。李素处事公正，为人低调务实，死后成为民间奉祀的神灵——辛未太岁，属于60甲子神之一。

杜环
DUHUAN

杜环（生卒年不详），又称杜还，京兆（今陕西西安）人，唐代旅行家，第一个到过非洲并有著作的中国人。

杜环像

天宝七载（748年），杜环从军到安西都护府。天宝十载（751年），随高仙芝与大食（阿拉伯帝国）军队作战，在怛逻斯城战败被俘，被带到阿拉伯半岛，在那里生活了十年，游历了西亚、北非许多地方。代宗宝应初年（762年）乘商船回国，将亲身经历写成《经行记》一书。《经行记》介绍了阿拉伯各国的地理、气候、物产、文化和商业贸易等情况，记述了他在麦加看到的伊斯兰教活动盛况，是中国最早记载伊斯兰教义和中国工匠在大食传播生产技术的古籍，文中记载了唐朝被俘流落在大食国都亚俱罗的工匠有金银匠、画匠、绫绢织工、造纸匠等，反映了中国古代工艺技术的西传。《经行记》现已失传，唯杜佑的《通典》引用此书片断，有1500余字保留至今，成为后世研究东西方文化交流的珍贵资料。

段善本
DUANSHANBEN

　　段善本（生卒年不详），约活动在德宗贞元年间（785—805年），唐时著名琵琶演奏家。本为僧人，在长安庄严寺出家，法名善本。琵琶技艺高超，人称"段师"。

　　南北朝隋唐时期，佛教与音乐关系极为密切。僧尼诵经多以演唱方式，流传的佛曲、法曲很多。因此寺院与音乐有不解之缘，隋唐寺院培养了许多音乐高手。段善本就是其中的杰出代表。唐段安节《乐府杂录》载有段善本与康昆仑两位琵琶演奏家比赛的

《唐人宫乐图》中体现了唐代琵琶演奏的手法及表现形式

故事：唐贞元中，长安大旱，皇帝下诏祈雨赛乐。长安南市的天门街举办擂台赛。街东市民请出宫廷乐工高手康昆仑登台献艺。康昆仑善弹琵琶，号称天下第一手，自谓没有对手，在楼上演奏了琵琶曲新翻羽调《绿腰》。街西派出一女郎，抱乐器登楼以同样曲目在枫香调中弹。此调比羽调更难弹，女郎下拨一弹，便其声如雷，其妙如神。康昆仑惊骇不已，知道山外有山，天外有天，世上更有能人在。康昆仑倒也谦虚，为了进一步提高技艺，便跑过来拜女郎为师。女郎听罢退入后台，更衣相见，原来是庄严寺和尚段善本化妆的。德宗闻之，召加奖赏，令其教授康昆仑。段善本主张"使忘其本领，然后可教"，就是说要从基础技法开始彻底改正康昆仑的技艺，才能真正学好他的技艺。段善本不仅善弹琵琶，而且还善于作曲，有《西梁州》《道调凉州》等作品传世。段善本有弟子数十人，其中最突出的是李管儿。唐人元稹曾作《琵琶歌》称赞李管儿。

米嘉荣（生卒年不详），西域米国人（今中亚撒马尔罕附近），唐代著名的歌者，公元 806—824 年一直活跃在唐代舞台上。

米嘉荣的歌唱艺术倾倒京城，并被皇帝赏识，提拔为朝廷供奉（首席乐官）。世人称赞他的演唱能"冲断行云直入天"。在长安时，米嘉荣与著名思想家、诗人刘禹锡有厚交，两人常在一起交流艺术、谈论时事，可谓志同道合。米嘉荣系统地介绍了音乐理论知识，他给刘禹锡唱了许多西域和西凉歌曲，使之很受启发。为此刘禹锡在诗中称赞米嘉荣道："唱得凉州意外声，旧人唯数米嘉荣。"刘禹锡在米嘉荣的帮助下，吸收融会了许多民歌音乐素材，创造了一种独特的诗体——竹枝词，此词风格清新，在当时风靡全国。现存刘禹锡诗中有两首提到米嘉荣，一首是《与歌者米嘉荣》，另一首的题目写作《米嘉荣》。米嘉荣曾在宪宗、穆宗、敬宗三代任供奉，史书上称他为"三朝供奉"。一个西域少数民族歌者，能在唐代宫廷连任三朝乐官，有这样长的艺术生涯，在中国音乐史上是少有的。

李龟年（生卒年不详），开元初年著名的音乐家。李龟年出身音乐世家，擅长唱歌，又会演奏筚篥、羯鼓、琵琶等多种乐器，

并长于作曲。

　　李龟年、李彭年、李鹤年兄弟三人都有艺术天分，李彭年善舞，李龟年、李鹤年则善歌，他们曾合作创作《渭川曲》，风行长安，深得同样喜爱音乐的唐明皇李隆基的赏识，得以入宫为乐工。由于他们演艺精湛，王公贵人经常请他们去表演歌舞，每次得到的赏赐都成千上万。他们还在东都洛阳建造宅第，其规模甚至超过了公侯府第。

　　安史之乱后，唐宫中的乐人四处逃散，流落异乡。李龟年也流落到了民间，卖艺为生。因为思念长安，思念故主唐明皇，每遇良辰美景便演唱几曲，常令听者泫然而泣。杜甫流落到江南时，听到了李龟年的演唱，就写了千古名诗《江南逢李龟年》："岐王宅里寻常见，崔九堂前几度闻。正是江南好风景，落花时节又逢君。"

　　李龟年后来流落到湖南湘潭，在湘中采访使举办的宴会上唱了王维的五言诗《相思》："红豆生南国，春来发几枝？愿君多采撷，此物最相思。"又唱了王维的一首《伊川歌》："清风明月苦相思，荡子从戎十载余。征人去日殷勤嘱，归燕来时数附书。"表达了希望唐玄宗南幸的心愿，但此时玄宗已是风烛残年。李龟年作为梨园弟子，多年受到唐玄宗的恩宠，两人又是音乐上的知音，因此与玄宗的感情非常人所能及。唱完后他悲痛欲绝，突然昏倒，只有耳朵还有热气，四天后才苏醒过来。李龟年最终郁郁而死。

五代画家顾闳中绘《韩熙载夜宴图》展现盛唐时乐工表演场景

崔致远
CUIZHIYUAN

崔致远像

崔致远（857—？），字孤云，新罗庆州沙梁部人。韩国大学者、诗人，韩国汉文学的开山鼻祖，有"东国儒宗""东国文学之祖"的美誉。晚年归隐，不知所终。

崔致远 12 岁时离家来长安求学，874 年参加科举考试，一举及第。初任溧水县尉。后因黄巢起义爆发，不能回长安，只得入幕扬州高骈门下，先后担任都统巡官、承务郎、馆驿巡官等职。881 年高骈起兵讨伐黄巢，崔致远拟就的《檄黄巢书》，天下传诵。崔致远在中国待了 16 年，28 岁时以大唐三品官衔荣归新罗，是新罗历届留学生中成就最高的一位，受到了当时君主宪康王的重用，任命为侍读兼翰林学士、守兵部侍郎、知瑞书监事。公元 899 年，不惑之年的崔致远辞官归隐。他是中国道教北传朝鲜的重要传播者之一。

崔致远一生文学创作不断，有《桂苑笔耕集》二十卷行世。该书文风博雅繁丽，具有丰富而珍贵的文献价值，对于我们今天研究晚唐政治、军事、外交，特别是黄巢起义时期的乱世，有着重要的史料价值。他被公认为朝鲜汉文学奠基人，为中韩两国的文化交流做出了贡献。

杨凝式（873—954年），字景度，号虚白，陕西华阴人，晚唐五代诗人、书法家。

杨凝式出身官宦世家，唐昭宗朝进士及第，屡迁秘书郎、直史馆。后梁开平中，任殿中侍御史、礼部员外郎等。后唐建立，拜为中书舍人、右常侍、工部侍郎等，后改任太子宾客、礼部尚书。后汉时，历任太子少傅、太子少师。郭威代汉为周，他以年老不愿任事致仕。周太祖显德初年，卒于洛阳，时年82岁，赠太子太傅。杨凝式生活在一个动荡的年代，历仕唐、后梁、后唐、后晋、后汉、后周六代，虽常居高位，但在武将频繁篡权的时代，时刻面临生命危险，他借以慰藉心灵的只能是诗歌和书法。

杨凝式善于作诗，作品很多，多题留于寺观庙院的墙壁上。他书法精湛，以行书、草书著称于世，在书法史上历来被视为承唐启宋的重要人物。"宋四家"（即苏轼、黄庭坚、米芾、蔡襄）都深受其影响。《韭花帖》《卢鸿草堂十志图跋》《神仙起居法》《夏热帖》是他流传于世的代表作。

《韭花帖》的内容是叙述午睡醒来，恰逢有人馈赠韭花，非常可口，遂执笔以表示谢意。此帖的字体介于行书和楷书之间，布白舒朗，清秀洒脱，深得王羲之《兰亭集序》的笔意。而《卢鸿草堂十志图跋》则深得颜真卿《祭侄稿》的神髓，错落有致，气势开张，古朴雄浑之气扑面而来。狂草《神仙起居法》和《夏热帖》则更加恣肆纵横，变化多端，点化狼藉，线条扭曲不安，对时局不平的郁悒之气跃然纸上。《神仙起居法》在草书中时时夹入一些行书，后人称为"雨夹雪"。杨凝式书法艺术在唐、宋两代的书法艺术高峰之间架起了一座桥梁。

卫贤（生卒年不详），京兆长安（今陕西西安）人，五代时南唐画家。

卫贤善画界画及人物。初以尹继昭为师，后仿吴道子风格，活跃于南唐后主李煜朝（961—975年），为内廷供奉。长于楼观殿宇、盘车水磨，能按比例"折算无差"，透视正确，构图严谨，刻画精细，无俗匠气，见胜于时，被称为唐五代第一能手。此外，他的山水作品也很有名，所画树木枝叶茂密、挺拔苍劲，高崖巨石浑厚凝重而皴法不老，很有立体感。

他的代表作有《闸口盘车图》《雪宫图》《渡水罗汉像图》《蜀道图》《神仙事迹图》《高士图》等，是中国绘画史上承前启后的重要画家。

李成（919—967年），字咸熙，先世系唐宗室，原籍长安（今陕西西安），祖父于五代时避乱迁营丘（今山东青州），故又称李营丘。五代宋初画家。

李成父、祖以儒学著称，李成受家风影响，颇具儒者气质，善属文，磊落有大志，可惜生逢乱世，怀才不遇，在其绘画中多有寄托感喟。

李成擅画山水，师承荆浩、关仝，"师荆浩未见一笔相似，师关仝则叶树相似"。后自成一家。李成多画郊野平远旷阔之景。画法简练，气象萧疏，好用淡墨，有"惜墨如金"之称，创造的"寒林平远"的形象，已从荆关一派宏伟壮丽的面貌中脱颖而出；画山石如卷动的云，后人称这种表现技法为"卷云皴"；画寒林创"蟹爪"法。李成对北宋山水画的发展有重大影响，北宋时期被誉为"古今第一"。米芾形容李成的画"淡墨如梦雾中，石如云动"，这种"石如云动"的形象成为以后画家用李成笔法作画的重要风格标记。存世作品有《读碑窠石图》《寒林平野图》《晴峦萧寺图》《茂林远岫图》等。

范宽
FANKUAN

范宽像

范宽（约 950—1027 年），字仲立，本名中正，因其性情温和，为人宽厚大度，故时人雅称"范宽"。华原（今陕西耀州）人，宋代杰出画家。

范宽师从荆浩、李成，善画山水。他认真学习前人艺术技巧，又不拘泥，自出新意，别成一家。他重视写生，认为画家要创作出好的作品，必须到大自然中去体验、观察，以实景为师。他常年独居终南山，饱览诸峰奇景，早晚观察云烟惨淡、风月阴霁的景色，心中深得山水林泉真实气派。因此他的作品笔法雄劲大方，笔力鼎健，构图气魄雄伟，境界浩莽。其皴法，一般称之为"雨点皴"，下笔均直，形如稻谷，也有称为"芝麻皴"的。画屋宇先用界画铁线，然后以墨色笼染，后人叫他"铁屋"。当时人评价：李成得山水体貌，董源得山水神气，范宽得山水骨法。传世作品有《溪山行旅图》《关山雪渡图》《万里江山图》《重山复岭图》《雪山图》《雪景寒林图》《临流独坐图》等。

许道宁
XUDAONING

许道宁（生卒年不详），活跃于北宋中期（970—1052年），长安（今陕西西安）人，北宋画家。

早年在汴京（今河南开封）以卖药为生，以画吸引顾客，随药送画，逐渐得名，公卿士大夫争相延请。许氏多写林木、野水、秋江、雪景、寒林、鱼浦等，并点缀行旅、野渡、捕鱼等人物，行笔简快，峰峦峭拔，林木劲硬。宋代邓国公张士逊作诗赠许氏："李成谢世范宽死，唯有长安许道宁。"被认为是继李成、范宽之后山水画第一人。许道宁性格豪放，嗜酒如命，人号"醉许"，米芾和黄庭坚等大家都对其画作极为赞赏。黄庭坚写诗赞道："往逢醉许在长安，蛮溪大砚磨松烟。忽呼绢素翻砚水，久不下笔或经年。异时踏门闯白首，巾冠欹斜更索酒。举杯意气欲翻盆，倒卧虚樽将八九。醉拈枯笔墨淋浪，势若山崩不停手。数尺江山万里遥，满堂风物冷萧萧。"生动地展示了许道宁醉中作画的神情举止，可见他画技的高超。他有《秋江渔艇图》《关山密雪图》《秋山萧寺图》传世。

张载
ZHANGZAI

张载（1020—1077年），字子厚，大梁（今河南开封）人，生于长安，后移居凤翔郿县（今陕西眉县）横渠镇，故称横渠先生。北宋哲学家，"关学"创始人。

青少年时期喜读兵书，曾组织民间武装操练兵法，21岁时上书在陕西主持边防的范仲淹，表达其收复失地、建功立业的愿望。范仲淹劝其弃武从文，攻

张载像

读儒家经典。后博览群书，四处求学，结识著名理学家二程兄弟（程颢、程颐），讨论哲学理论，终于悟出了儒、佛、道互相联系的道理，以儒学思想为基础，逐渐建立起自己的学说体系。因为张载生活及讲学主要在陕西关中地区，且从学弟子多为关中人，所以他建立的理学流派被称为"关学"。

张载的学术观点具有朴素的唯物主义和辩证法成分。他认为客观世界是由"气"的聚散而形成的，事物的变化是由内在变化引起的，事物矛盾规律是对立着的两端都存在于"参"中，即"两端一参"论。这些都是他区别于程朱理学的进步观点。张载的学

术思想在中国思想文化发展史上占有重要地位，对明清两代学者影响很大，特别是关中的学者多继承和研究他的关学理论。

张载一生著书立说，著作有《正蒙》《经学理窟》《易说》等，后被编入《张子全书》中。其在当今最有名的莫过于"横渠四句"——"为天地立心。为生民立命。为往圣继绝。学为万世开太平。"这四句话表达了张载一生的抱负和理想，对现在我们的文化建设仍有重要的激励作用。

吕大防（1027—1097 年），字微仲，京兆蓝田（今陕西蓝田）人，北宋名相、书法家。与其兄吕大忠，其弟吕大钧、吕大临合称蓝田吕氏四贤。

吕氏四兄弟均在北宋朝廷任职，不但在政治上具有一定的影响，而且在文化、学术领域也颇有建树，为关学代表性人物，是关学发展的经济支柱。先祖原为河南汲郡（今河南卫辉）人，其祖父吕通曾任太常博士，因为葬在蓝田，吕氏后代遂移居蓝田。

吕大防身高七尺，声如洪钟。从小端肃稳重，在吕氏四兄弟中最长于政事。吕大防为官一方，心怀百姓，敢于为民请命，在任青城知县时，当地以前祭田粟米用大斗收进，而用公斗放出，官府因而获三倍之利，百姓虽然不满，但不敢上诉。吕大防废除了这一不公平做法，并转奏宋仁宗，获得了朝廷的认可和百姓的称赞。

吕大防 1049 年进士及第，任冯翊主簿、永寿县令等。之后步步升迁，元祐初升任宰相。吕大防为政理念受张载关学影响深远，在家乡与其弟吕大钧创《吕氏乡约》，并大力推广，使关中风俗为之一变。任宰相时，以祖宗八法——"事亲之法、事奉长辈之法、治理内廷之法、对待外戚之法、崇尚节俭之法、勤身之法、崇尚礼节之法、宽厚仁政之法"进呈哲宗，深得哲宗赞赏。

吕大防任宰相八年，朴实厚道正直，不树朋党，进用贬退百官，不以私心干预，不讨好转嫁怨恨，以希求声誉。与范纯仁同心协力，忠心耿耿辅佐王室，为一代名相。

吕大防不仅长于政事，而且工于书法，有《示问帖》传世，著有文录二十卷、文录掇遗一卷，《文献通考》并传于世。

吕大钧
LVDAJUN

吕大钧（1029—1080年），字和叔，京兆蓝田（今陕西蓝田）人，北宋关中学派的代表人物，蓝田吕氏四贤之一。

吕大钧出身于书香门第，一生厚道向学，北宋嘉祐二年（1057年）与张载同中进士，得知张载学识渊博，便第一个拜张载为师，随之带动关中学者趋向张载求学，张载一时闻名于世。

"四吕"（吕大钧及其三兄弟）的介绍碑石

吕大钧一生官位不高，仅做过秦州（今甘肃天水）司里参军、延州（今陕西延安）监折博务、三原知县等，但他以"教化人才，变化风俗"为己任，以实际行动践行关学。吕大钧在父丧期间，为教化乡人，与其兄吕大防首创《吕氏乡约》，提出"德业相劝，过失相规，礼俗相交，患难相恤"，这是中国历史上第一部成文的村规民约。

经过吕大钧多年努力，"关中风俗为之一变"，扭转了汉魏以来关中佛学盛行、儒家礼教衰败的混乱局面。张载高兴地说："秦俗之好化，和叔有力。"程颐也称："任道担当，其风力甚劲。"

吕大钧在关中的实践使他声名远播，于是被众大臣推举为王宫教官。吕大钧不负众望，撰写了《天下一家中国一人论》一文，描绘了建立"外无异人，旁无四邻，无寇贼可御，无闾里可亲"的共和大家庭的构思。可惜吕大钧在任上不久即病逝，时年 52 岁。

吕大临
LVDALIN

吕大临像

吕大临（1040—1092 年），字与叔，号芸阁，京兆蓝田（今陕西蓝田）人，北宋理学家、经学家、金石学家、蓝田吕氏四贤之一。

吕大临与其三个兄长不同，"不留连科举"，更无心仕途，一生追求学术研究。先投入张载门下求学，张载逝世后，再转师二程，并成为程门高足。在此期间，他记录汇集二程语录，著成《东见录》，为后世学者研究"洛学"提供了难得的第一手资料。

吕大临无论是师从张载，还是后来改随二程，均享有极高的声誉，可惜英年早逝，年仅 47 岁。南宋著名理学家朱熹认为吕大临的学术成就高于当时与他并称的诸家，并把他与程颐相提并论。朱熹甚至认为自己假如"只如吕年"，即自己如只活到吕大临那样的岁数，也不见得能达到他那样高的学术成就。

　　吕大临虽转学二程，但却不放弃关学的基本思想宗旨，不背其师，成为关学最有力的捍卫者，是关学的杰出代表。他一方面与诸兄一起大力支持推动关学的传播和发展，另一方面又积极躬行和发展张载的思想学说，并多有创新。

　　吕大临一生著述甚丰，主要有《易章句》《芸阁礼记解》《论语解》《中庸解》《考古图》等等，它们是研究吕大临关学思想及宋代思想哲学的重要资料。不过其有关关学方面的著述大多失散，只留下金石学著作《考古图》十卷传世，成为研究中国古代青铜器的第一部参考书籍。

王重阳
WANGCHONGYANG

王重阳像

　　王重阳（1112—1170 年），本名中孚，字允卿。京兆咸阳（今陕西咸阳）人。道教主流——全真道的开宗者，入道后改名喆，字知明，道号重阳子，故称王重阳。

　　王重阳生于北宋末年社会动乱之时，国破家亡，仕途失意，使他归隐终南山下。据说在其 47 岁那年，醉卧甘河镇，遇道教纯阳子吕洞宾化身授其修身口诀，于是开始了他的宗教生涯。

王重阳糅合儒、道、释的思想，主张三教合一，以《道德经》《孝经》《般若波罗蜜多心经》为必修经典，不尚符箓，不事黄白炼丹之术，创立全真道。

全真道初创之时，金兵入侵，宋室南渡，关中连年饥荒，人至相食。王重阳怀济世之才，虽科举无路，仍未改济世初衷，创立全真道后，在关中兴修水利，惠及一方，周至县《栖云王真人开涝水记碑》记载了王重阳及其门徒连续苦战3年，引涝水灌溉之事。

自王重阳创立全真道起，中国道教出现了崭新的局面。从金丹道的炼取金丹、企求长生不老变为全真道的清修养性的实践，兼取儒释思想，严守戒行，不仅追求个人道德的自我完善，而且以教干政，泽及天下，苦己利人，使道教成为兼善天下的新道教。

王重阳著作有传道诗词约千余首，另有《重阳立教十五论》《重阳教化集》《分梨十化集》等，均收入明代的大型道教典籍《正统道藏》。

杨恭懿 YANGGONGYI

杨恭懿（1225—1294年），字元甫，号潜斋，安西路高陵（今陕西西安高陵县）人，元代关学大儒、天文学家。

杨恭懿出身于官宦之家，其父杨天德为金兴定二年（1218年）进士。杨恭懿自幼喜读书，幼年时，正值蒙古军大举进攻中原，为避战乱，随父母逃亡他乡，后父丧家贫，但他仍抓紧读书，广

杨恭懿像

涉经史子集，尤通《易》《礼》《春秋》，终成一代关学大儒，从学者众多。

杨恭懿作为元代关学代表人物，始终坚持张载一贯主张的实学风格和为人"气节"，元朝廷就开科取士咨询杨恭懿，他提出应该通过考试经义和论策，选录那些行为检点又深通经史的人，只要提倡实学，士风就会变朴实，民俗亦会变好，国家才能得真才。

儒学在元代地位低下，有所谓"八娼九儒十丐"之说，儒家思想很难再登堂入室。这个时期，只有杨恭懿祖孙三代孜孜不倦地以讲学为生，弘扬关学。杨氏三代的努力，终于使关学在元代尚未失忆失语，也为明代关学的复兴打下了基础。

杨恭懿不仅是闻名天下的关学大儒，而且精通天文历法。至元十六年（1279 年），他与郭守敬、许衡等共同编修《授时历》。《授时历》与现行公历《格列高利历》运行分厘不差，但早于《格列高利历》300 年。

《授时历》编修完毕，杨恭懿便辞职回乡讲学授徒，弘扬关学。后来，朝廷又 3 次召他入朝任职，他始终未答应，以 70 岁高龄卒于家乡。其墓地在今高陵张卜乡境内。

骆天骧（生卒年不详），字飞卿，号藏斋，根据相关文献资料考证，他大约出生于金宣宗（1213—1223 年在位）后期，活了 80 岁左右。出身于世居长安的故家旧族。

骆天骧
LUOTIANXIANG

骆天骧一生仕途不甚得意，最高仅做过京兆路儒学教授，其载于史册的最大贡献是编纂了一部《类编长安志》。骆天骧出生于金末乱世，成长于蒙古初占关中之时，从小对长安地区遗踪故迹十分熟悉。至元十年（1273年）建安西王府，安西王相兼营司大使赵炳，曾请骆天骧陪同遍访周秦汉唐故宫废苑。这一切都为他日后编纂《类编长安志》打下了基础。当时骆天骧深感长安地区经多年战争，古迹十亡其九，仅存的也"难以诘问，故老相传，名皆讹舛"，而已有宋敏求编《长安志》，"故事散布州县，难以检阅"，于是决心编写一部新志，以使"览之者不劳登涉，长安事迹，如在目前"。他采用的是近乎类书的编纂方法，"引用诸书，检讨百家传记，门分类聚，并秦中古今碑刻，名贤诗文，长安景题，及鸿儒故老传授，增添数百余事，裒为一集，析为十卷，目之曰类编长安志"。

《类编长安志》增补了不少金元时期有价值的史料，其中包括对长安地区碑刻和当时碑林藏石的著录，为我们今天研究长安历史提供了珍贵的第一手资料。

王恕
WANGSHU

王恕（1416—1508年），字宗贯，号介庵，又号石渠，三原（今属陕西）人。

明代中期贤臣，英宗正统十三年（1448年）进士，历仕英宗、代宗、宪宗、孝宗、武宗五朝，为官四十余年，始终保持了刚正清廉的品格，与马文升、刘大夏合称"弘治三君子"，辅佐孝宗朱祐樘实现"弘治中兴"，史称"始弘治二十年间，众正

王恕像

盈朝，职业修理，号为极盛者，恕力也"。与其子王承裕并为"三原学派"的代表人物。

王恕为官正直，不畏权贵，多次极力阻止权贵宠臣的胡作非为，天下人倾心敬仰他，每当遇到政事不合理的情况，必定有人说："王公怎么不说话呢？"要不就说："王公的奏疏马上到了。"没过多久，王恕的疏文果然到了。当时歌谣说："两京十二部（指北京、南京的六部），独有一王恕。"权贵宠臣都对他十分嫌恨，宪宗也对他颇感厌烦。

王恕弹劾权贵、宠臣，从不避讳，毫无畏惧。巡抚云南时，敢于弹劾镇守太监钱能；在南京任职时，反对给皇帝贡献珍奇，维护地方利益；执掌吏部，力主限制皇权，健全监察制度和政治制度。王恕晚年回归故里，致力于理学研究，成为"三原学派"的创始人；支持幼子王承裕首创宏道书院，为西北诸省培养了众多人才。

著作有《王端毅公奏议》十五卷、《历代名臣谏议录》一百二十四卷、《玩易意见》二卷、《介庵秦稿》等，84岁时著《石渠意见》四卷，86岁时著《拾遗》二卷，88岁时著《补阙》二卷。

王九思（1468—1551年），字敬夫，号渼陂，陕西鄠县（今户县）人。明代文学家，"前七子"之一。前七子是明弘治、正德年间（1488—1521年）

的文学流派，成员包括李梦阳、何景明、徐祯卿、边贡、康海、王九思和王廷相七人。

王九思出身于书香之家，自幼读书，学识渊博，尤长文学。他青年时热衷于功名。明孝宗弘治九年（1496年）及进士第。他与"前七子"成员李梦阳、何景明、徐祯卿等相唱和，掀起了一场文学复古运动。其文学成就主要是散曲、杂剧创作。

后王九思因与大宦官刘瑾是陕西关中同乡（刘瑾是陕西兴平人），被名列瑾党，受到牵连，被迫归乡。王九思回到家乡鄠县后，彻底放弃了做官的念头。他曾带领乡亲们修涝河桥、施舍医药、教育生徒，并把主要精力集中在文学创作和倡导戏曲方面，历40年，84岁辞世。

王九思的戏曲创作具有很高的成就。他是眉户曲子的宗师，他在元曲遗韵"北曲"各种唱腔的基础上，把眉县、周至、户县等地的民歌、山歌、情歌整理加工，使"北曲"得到发展，形成了"世争传播的套曲"，即按关中人语调唱的流行曲，先在眉、周、户一带传唱开来，形成眉户曲子，一直流传至今。

康海（1475—1540年），字德涵，号对山、沜东渔父，陕西武功人，明代文学家。

弘治十五年（1502年）状元，任翰林院修撰，以诗文名列"前七子"之一。武宗正德三年（1508年）李梦阳入狱，为救文友，往见同乡刘瑾，通宵畅饮，不日梦阳获释。正德五年（1510年）八月，刘瑾事发，被凌迟处死。康海以同乡受其株连，被削职为民。李梦阳不曾进一言以救。康海从此放形物外，寄情山水，广蓄优伶，制乐府、谐声容，自操琵琶创家乐班子，人称"康家班社"。与户县王九思共创"康王腔"，扶植周至张于朋、王兰卿组建张家班。曾广集千名艺人，参与秋神极赛活动。自己因谴责李梦阳写成的杂剧《中山狼》和《王兰卿服信明忠烈》杂剧。在康家班基础上组建的张家班，又名华庆班，在历史上活动长达500年之久，为重振北曲和秦腔艺术的发展建立了不朽的功勋。

康海被革职后，在家闲居了整整30年，殁时，遗命以山人巾服成殓。检其遗资"借金百余"，而大小鼓却存有300多副。除诗文集外，还著有散曲集《沜东乐府》、诗文集《对山集》、杂著《纳凉余兴》《春游余录》等，尤以《武功县志》最为有名。评者认为康海编纂的《武功县志》体例严谨，源出《汉书》，"乡国之史，莫良于此"。后世编纂地方志，多以康氏此志作为楷模。

韩邦奇（1479—1555年），字汝节，号苑洛，今陕西大荔人，明代学者，著名的作曲家和音乐理论家。

韩邦奇出生在一个官宦家庭，青年时期就"有志圣学"，经史子集、天文地理无不涉猎，且对诗歌音律有独特的见解。正德三年（1508年）进士及第，先后任吏部考功主事、员外郎、浙江按察使、山西巡抚、南京兵部尚书等职。任职期间，因目睹了宦官强征富春江的鱼产与富阳一带的茶叶导致民不聊生之事，愤而作民歌《富春谣》。被指控作歌怨谤，被捕至京城，下诏入狱，后被革职回家。

韩邦奇回到家乡，开始讲学著书，四方学者皆云集其门下。嘉靖初起用为山西参议，迁为山西巡抚。他在山西近10年，任职期间边防安稳，百姓乐业。后调任总理全国河道，升迁为南京兵部尚书。嘉靖二十九年（1550年），告老还乡。嘉靖三十四年（1555年）冬，关中大地震时，韩邦奇遇难，享年77岁。

韩邦奇精思好学、文理兼备，对理学中的"义理"（哲学）、"数理"（占卜）及地理学都有精深的研究，特别是对声律与乐学的成就最高。其著述甚富，主要著作有《苑洛集》《苑洛志乐》《大同记事》《禹贡详略》《性理三解》《易占经纬》《书说》《易说》《律吕新书直解》等。其中《律吕新书直解》与《苑洛志乐》尤为世所称道。

冯从吾（1556—1627年），字仲好，号少墟，长安（今陕西西安）人，明代著名思想家、教育家、关学家。

冯从吾出身于儒学士大夫家庭，他的父亲冯友笃信王阳明"心学"。冯从吾早年丧父，他的外祖父刘玺是"一代关学名流"，"关中以理学名者多出其门"。在外祖父的悉心教养下，他熟读儒家经典，于1589年中进士。面对明朝末年内忧外患，他忧心忡忡，多次冒死直谏，得罪了众多权贵，被排挤回家。在家乡，

冯从吾像

他执教关中书院20余年，培养弟子5000人，被人们誉为"关西夫子"，使关中书院成为当时著名的学府。

冯从吾继承了关学"重习行，注实践"的学风，根据自己多年的治学经验，提出了"学、行、疑、思、恒"五字结合的治学方法，直到今天仍有积极意义。

冯从吾是明朝末年关中的大儒。他主持关中书院多年，其思想对当时社会产生了很大影响。当时，魏忠贤的爪牙遍布全国。据《陕西通志·艺文志》载："天下皆建（魏忠贤）生祠，惟陕西独无。"就是由于陕西知识界坚持了冯从吾所教育的不与小人同流合污的高尚品德。天启六年（1626年）十二月，朝廷竟下令捣毁了关中书院，把冯从吾尊崇的孔子塑像掷于城墙南隅。冯从吾目睹自己倾注了毕生心血的书院成为一片废墟，悲恨切肤，于天启七年（1627年）二月气愤长逝，终年72岁。

王徵
WANGZHENG

王徵（1571—1644年），字良甫，号葵心，又号了一道人、了一子、支离叟，西安府泾阳县（今陕西泾阳）人，明代科学家、教育家。

王徵是中西文化交流史上一位重要的学者，对传播西方科学、

王徵像 选自《王徵年谱》

促进文化交流卓有贡献，与另一科学家徐光启合称"南徐北王"。他与德国传教士邓玉函一起编译的《远西奇器图说》是中国第一本有关西方力学的编译著作。天启六年（1626年）协助法国传教士金尼阁神父完成《西儒耳目资》一书的写作，这是我国第一部用罗马字注音的语言学专著。

王徵除翻译西方科学知识以外，还通过自己的勤奋和对知识较强的理解力，发明创造出许多新颖、实用的机械，并将这些机械绘制成《诸器图说》一卷附于《远西奇器图说》后流传于世。

王徵还是陕西最早的天主教徒之一，他帮助西方传教士在西安建立天主教堂，并撰写了一系列介绍西方宗教思想的著作，如《圣经直解》等。王徵此类著作多采用儒家思想解释基督教，虽难免牵强附会，但这是中国人研究西方文化，尤其是西方基督教文化最早的著作之一。在西北，能有如此见识、眼界，王徵可谓第一人。

他一生勤于撰述，主要著作有：《学庸义解》《两理略》《辩道说》《历代发蒙》《百字解》《兵约》，科技著作有：《西儒书》《圣经直解》《西书释译》《新制诸器图说》等。

李二曲
LIERQU

李二曲（1627—1705年），名颙，字中孚，自号惭夫，别署二曲土室病夫，陕西周至人。因为"周至"的古字在《汉书》中

李二曲像

解释为山曲和水曲，所以学者便称他为二曲先生。明清之际哲学家、思想家。

李二曲家贫，借书苦学，遍读经史诸子以及释道之书，曾主讲关中书院，学生众多，与孙奇逢、黄宗羲并称"清初三大儒"。李二曲深受儒家思想影响，有着强烈的民族气节，他一生以弘扬关学为己任，多次拒绝清廷召用，闭门谢客，专心研究学问，著书立说。

李二曲综合宋明理学的学说要旨，提出"治世先治人、治人先正心"的主张，要世人按照先贤的遗教立身处世。他不仅十分重视实修，而且非常重视实学、实用。他提出"经世致用"的治学态度，认为读书不仅要有利于身心修养，而且要读对实际工作、对治国平天下有用的书。他力主学习农垦、水利等实用学问，以发展社会生产。作为一位思想家，他主张自由讲学，与清廷钳制思想的政策对立。著作有《四书反身录》《悔过自新说》《二曲集》等。

王筠
WANGJUN

王筠（1749—1819年），字松坪，号绿窗女史，陕西长安县（今陕西西安长安区）人，清代女诗人、戏曲作家。

王筠出身书香世家，父王元常为乾隆十三年（1748年）进士，官至翰林。王筠自幼颖异，十三四岁即能吟诗填词。出嫁后夫婿早逝，王筠寡居抚养儿子百龄长大成人。嘉庆七年（1802年），百龄中进士。

王筠才华横溢、胸有大志，诗词收入《槐庆堂集》，且与父元常、子百龄合刊有《西园瓣香集》。她在22岁时写出第一个戏曲剧本《繁华梦》，但一直未能面世，直到10年后方将此剧本转到当时陕西巡抚毕沅的母亲手中，得到赞赏，正式公诸于世。后又创作秦腔剧本《全福记》《游仙梦》《会仙记》等，以不同的角色，表达了作者追求男女平等、渴望女性解放的思想。这些主题在当时具有积极的时代意义。她是我国戏曲史上颇具才情的女剧作家之一。

刘光蕡
LIUGUANGFEN

刘光蕡（1843—1903年），字焕唐，号古愚，陕西咸阳天阁村人，晚清思想家、教育家。

刘光蕡自幼家贫，刻苦读书，毕业于关中书院，深受关学"经世致用"思想的影响，长于数学。光绪元年（1875年），科举未中，遂绝意仕途，专心教育。晚清政府与西方列强签订的一系列丧权辱国的条约深深刺痛了刘光蕡。他倡议废八股，习算术，立新学，举实业，培养新型人才；把自己维新改革的主张灌注于教育内容之中，倡导新学、实学为主的教育实践活动。他在任味经书院山长（校长）时，在书院内设时务斋，讲求实用之学。光绪二十一年（1895年），他向陕西学政赵惟熙提出了"崇实学""预教训""习测算""广艺术"的十二字革新教育建议。光绪二十三年（1897年），他亲自创办崇实书院，以讲求实学、培养实用人才为宗旨，传授西方资本主义科学技术。

光绪二十九年（1903 年），刘光蕡应陕甘总督崧锡俊邀请赴甘肃讲学，开设地方学校，培养师资，同时，又主张发展西北畜牧及毛纺制革事业，堵塞毛皮原料外流。他把全部心力用于甘肃的文化教育和经济开发事业，因操劳过度，于当年九月病逝于兰州，时年 61 岁。其主要著作有《立政臆解》《学记臆解》《大学古义》《孝经本义》《论语时习语》等，后人辑为《烟霞草堂文集》等。

作为爱国教育家的刘光蕡，他的教育救国思想虽不能实现，但为社会造就了大批有用人才，他的主要弟子有于右任、杨松轩、张季鸾、冯孝伯、王授金、杨西堂、朱佛光等。这些弟子在陕西乃至西北军政文化教育界均起过一定的作用。

宋伯鲁
SONGBOLU

宋伯鲁（1854—1932 年），字芝栋，亦作子钝、芝洞、子栋，号芝田，晚年又号钝叟，别号九嵕山樵、瓶园老人、心太平轩老人。陕西醴泉（今礼泉）人，清末民初爱国政治活动家、文化学者。

宋伯鲁青年时，师从著名学者柏景伟，深受柏景伟忧国忧民思想的影响，在不少诗作中对统

宋伯鲁像

治者进行了辛辣的讽刺，对穷苦农民的反抗斗争表示深切同情。1886 年中进士，进入仕途后，更关心国计民生，面对晚清危局，积极参与康、梁领导的维新变法活动。康有为等人以关西学会为基础，成立"保国会"，宋积极参与其事，初期康有为起草向皇帝上书的奏章，均以宋伯鲁名义上达。他与杨深秀联名向光绪帝痛斥许应骙，此即维新运动中有影响的《请将守旧礼臣立赐降斥疏》。经过一番较量，许应骙被撤职，作为推行新政重要步骤的废除八股取士的诏书，冲破重重阻力终于公布。此后，宋又连上《请选通达中外政治之才每省一人任新政疏》《请选通才以资顾问疏》《各省举办铁路矿务官不如商折》等一系列奏折，成为康梁维新运动的重要骨干之一。变法失败后，匿居上海三年余，其间一度赴日本。面对国事日非的局面，他于光绪二十五年（1899 年）写成《己亥谈时》一书，对变法改革的意义给予很高评价。他在《论成法不可拘》一文中指出：欧洲各国舍旧图新，勇往直前，故能富强；日本变法，亦雄视东亚；唯独中国不肯改弦更张，这是至今贫弱的根本原因。光绪二十八年（1902 年）携眷回陕，受门生故旧欢迎。因变法事被囚禁，三年后获释出狱。后任陕西省通志局（馆）总纂、馆长，主持续修《陕西通志》，亲自制订大纲，选定修纂人员，严审各卷书稿。历时 10 余年，于 1932 年 8 月 7 日殁后始成。

宋对诗文、书法、绘画均有较深造诣，著作达 20 余种，已刊印的有《新疆建置志》《新疆山脉志》《西辕琐记》《海棠仙馆诗集》《焚余草》《己亥谈时》《知唐桑艾录》等。

宋联奎
SONGLIANKUI

宋联奎（1870—1951年），字聚五，亦作菊坞，晚号菊叟。祖籍云南，生于陕西长安宋家花园（今属西安雁塔区）。清末民国进步政治活动家、文化学者。

宋联奎一生追求进步，爱国爱民。1929年陕西发生重大旱灾，宋联奎每天给灾民施粥舍饭。1936年西安事变爆发后，他和王典章等社会名流被各界推举赴南京，促进西安事变和平解决。

宋联奎像

抗日战争前期，宋联奎在西安的住所宋家花园常常是抗日民主人士聚会之所。周恩来、李根源、朱德等人均曾为座上宾。宋联奎同李宗仁、朱庆澜、林伯渠、伍云甫等人也往来频繁。

中华人民共和国成立后，宋联奎出任陕西省各界人民代表会议协商委员会常务委员、西安市郊区土改委员会委员等职务。

他平生对陕西文化教育事业多有贡献。主持编纂《续修陕西通志稿》和咸宁、长安两县续志，并主编有《关中丛书》；著作有《苏庵杂志》《苏庵公牍存略》《城南草堂文稿》《城南草堂诗稿》等。抗日战争期间居留城固时，他曾为该县自强小学募捐，又在宋家花园创办私立新民小学，培育人才。新中国成立后又把该校校产及花园地产全部捐献国家。

杨松轩
YANGSONGXUAN

杨松轩像

杨松轩（1872—1928年），名鹤年，字松轩，自号补拙轩主人，陕西华州（今华县）人，著名爱国教育家，咸林中学创始人。

杨松轩幼年时师从刘古愚。清末新政末年（1905年）应聘到临潼雨金两等小学堂任堂长，大力推行新式教育，颇受百姓欢迎。辛亥革命后，陕西军政府成立，杨松轩被任命为省教育司次长。到任月余，因不习惯官场应酬而辞职还乡，专办教育。

1907年回到华县，与友人创办华县教育研究会，并附设两等小学堂。1919年4月8日，他在原两等小学堂基础上创办的私立咸林中学正式开学。为了办好这所中学，杨曾去汉口、上海、杭州、南通及日本考察。回陕后，他向学生大声疾呼："国人若不急起直追，努力教育自治，后患将不堪设想。"他认为："学校之主体在学生，学校之精神在教员。"因此，他广揽饱学之士来咸中任教。

五四运动以后，一些早期的马克思主义者由北京回陕传播科学社会主义，中共陕西地方组织的创建人之一魏野畴，就是由杨的长子杨钟健推荐，于1921年被聘请到咸林中学任教的。此后，杨又聘请王复生等进步人士到该校任教，使咸林中学成为当时进步力量较强的学校。他强调学生要学习新知识，学校开设了语文、中外历史、地理、数学、化学、外文和体育等课程。他还强调教育要与劳作相结合，使学生都成为社会有用之才。为此，咸中附设了农场、医院、印刷所、面粉厂、商店、公储局等部门，规定学生都要轮流去上"劳作教育"课。他还建立了工读制度，使家境贫寒的学生得以入学深造。杨在 1927 年回忆自己办学经历时写道，他遇到过多种艰难甚至危险，均坦然处之，从未稍懈办学的志愿，不论环境如何艰难困苦，他都"视学校如家，爱学生如命"。他在咸林中学的校规中，对学生的行为要求提出十二字的箴言：一诚：尚真实，不欺诈。二朴：重节俭，不奢华。三强：有精神，不柔懦。四知：多智识，不暗昧。五勤：耐劳苦，不懒惰。六谨：能谨审，不放肆。七公：存忠恕，不阴私。八平：得中正，不偏倚。九慈：宏仁爱，不残刻。十让：重谦逊，不骄夸。十一整：守秩序，不紊乱。十二洁：养清廉，不卑污。

　　1928 年 12 月 30 日，"以教育事业终其身"的杨松轩病逝于华县咸林学校。

范紫东　FANZIDONG

　　范紫东（1879—1954 年），名凝绩，字紫东。清末乾州东乡西营寨（今陕西乾县灵源乡西营寨）人。中国当代著名戏曲家、秦腔剧作家、易俗社创始人之一，被戏剧界誉为当代关汉卿、东方的莎士比亚。

　　范紫东生活于清末民国时代，目睹了封建文化对国民的毒害，便于 1912 年与李桐轩、孙仁玉、王伯明、高培之等 160 多名热心戏曲改良的社会各界知名人士在西安创建了我国第一个集戏曲教育和演出为一体的新型艺术团体——陕西易俗社，先后任编辑主任、评议长等职。在 40 年的时间里，他先后共创作了题材广泛、思想进步、主题深刻、人物鲜明的大小剧本 68 个，其代表作《三滴血》是一出可以代表秦腔的王牌戏。

范紫东创作的秦腔剧本大多具有鲜明的资产阶级民主革命启蒙思想和独树一帜的艺术风格，大胆地反映生活，针砭时弊，在我国由旧民主主义革命向新民主主义革命转变的历史时期，在秦腔舞台上发挥了积极作用，取得了"移风易俗"的社会效果。由于剧目内容新颖，也大大促进了舞台艺术的改革，发展了秦腔艺术，范紫东先生成为秦腔界最有声望、最有影响的剧作家之一。

范紫东爱好广泛、博学多才，除了在戏曲创作上有突出的成就外，在语言、金石、历史、地理等研究领域也有不少建树，著有《关西方言钩沉》《乐学通论》《关西周秦石刻摹本》《地球运转之研究》《乾县县志》《永寿县志》等著述。新中国成立后，任西安文史研究馆馆长。1954 年考察秦始皇陵时患病，不久病故，享年 76 岁。

于右任
YUYOUREN

于右任像

于右任（1879—1964 年），原名伯循，字诱人，尔后以"诱人"谐音"右任"为名；别署"骚心""髯翁"，晚年自号"太平老人"。陕西三原人，祖籍泾阳。中国近现代著名政治家、教育家、书法家。

于右任一生情系祖国，自青年时期

即投身民主革命，矢志不移地追随孙中山为推翻封建统治、反对列强侵略、为建立富强中国而不辞辛劳。他创办《神州日报》《民呼日报》《民吁日报》，积极宣传革命思想，组织革命力量，培养革命人才，领导革命斗争，并赈济灾民，兴修水利，改革文字，发展书艺，在文武两条战线上为国家、为人民付出了一生。

于右任同时也是一位教育家。为办学育人，与人一起创办了复旦大学、上海大学、国立西北农林专科学校（今西北农林科技大学）等多所中国近现代著名高校，为我国现代教育事业做出了突出贡献。

于右任是国民党元老，长期担任国民党高官，但他一心为国，两袖清风，终其一生不治私产，以自己的革命思想、革命实践成为海内外中华儿女都尊敬的爱国主义者、民主革命先驱。

于右任同时也是近现代著名的书法大家，其草书尤其著名，书法作品深受广大人民喜爱。

李仪祉
LIYIZHI

李仪祉（1882—1938年），原名协，字宜之，陕西蒲城人，我国近代著名水利科学家、教育家。

他早年留学德国，学习水利工程。回国后倡导修建了"关中八惠"和陕北定惠渠、织女渠以及陕南的汉惠渠、冷惠渠，扩大灌溉面积13万余公顷，树立起我国现代灌溉工程样板，为我国水利事业做出重大贡献，陕西人民受益尤大。李仪祉因此被誉为"一代水圣"。

李仪祉像

李仪祉毕生致力于水利教育事业，先后参加创办三秦公学、河海工程专门学校（现河海大学）、陕西水利道路工程专门学校（后改为西北大学工科）、陕西水利专修班（后改为西北农学院水利系，现在为西北农林科技大学水利与建筑工程学院），担任教授、教务长、校长，兼任陕西省教育厅厅长。他还曾在北京大学、清华大学、同济大学、第四中山大学、交通大学执教，造就了大批科技人才和志士仁人，为我国水利工程教育事业做出了卓越贡献。

1937年卢沟桥事变后，李仪祉抱病积极投入抗日运动，加入陕西各界抗敌后援会，在报纸和电台发表文章和讲话，宣传抗日，组织募捐。同时组织渭惠渠、织女渠的施工，以富国强兵的实际行动支援抗日，表现了他坚毅刚强、不屈不挠的赤子之心。终因积劳成疾，1938年3月8日病逝于西安市，终年57岁。

张季鸾
ZHANGJILUAN

张季鸾（1888—1941年），名炽章，字季鸾，陕西榆林人，中国新闻家、政论家。他和大书法家于右任、水利科学家李仪祉并称"陕西三杰"。

早年就读礼泉烟霞草堂，师从关学大儒刘古愚，1905年官费留学日本。1908年回国后，在上海《民立报》等报任记者。辛亥

张季鸾像

革命后，担任孙中山先生的秘书，负责起草《临时大总统就职宣言》等重要文件，并且发出了中国近代报业史上第一份新闻专电。1926 年接办天津《大公报》，任总编辑兼副总经理，主要负责评论工作。1941 年 9 月 6 日病逝于重庆，终年 53 岁。1942 年 4 月 29 日张季鸾遗体从重庆迎返陕西故土，陕西各界 3000 多人迎接并进行公祭，蒋介石亲临致祭，周恩来等唁电称："季鸾先生，文坛巨擘，报界宗师。谋国之忠，立言之达，尤为士林所矜式。"下葬于西安市长安区杜曲镇竹林村墓地。有文集《季鸾文存》传世。

在具体的办报活动中，张季鸾提出著名的"不党、不卖、不私、不盲"四不主义办报方针，始终坚持对时局进行尽可能公正、客观的报道和评论。正因为张季鸾在办报实践中"不偏不倚"的立场，国共双方的领导都很重视《大公报》，也很看重张季鸾。杨虎城、孙蔚如主陕期间，均聘请张季鸾为省政府顾问。抗战期间，张季鸾主张联共、联苏，共同抗日，又主持创办《大公报》上海版、汉口版、重庆版等等，使《大公报》成为国内影响最大的报纸，并得到国际社会的认可，1941 年 5 月 15 日，《大公报》获得美国密苏里新闻学院奖这一国际荣誉。

后记 *Afterword*

西安人杰地灵，文化底蕴深厚，数千年来，无数文人骚客、王侯将相、智者贤良、草莽英雄、仁人志士次第登场，为古城历史留下浓墨重彩。他们中，有推动人类历史进步的历史名人，也有构筑中华民族精神根基的文化名人。他们是中华民族的精神和魂魄，是当今中国梦的文化源起和榜样。了解他们，记住他们，可以品味中华民族传统文化的精神核心，可以体会西安的历史与文化特质。

本书是《西安小史》系列丛书的一本，主要收录祖籍为西安或者曾经在西安活动的历史文化名人，起自先秦，止于民国，凡120人。主要记录他们的生平、事迹、贡献等。所选材料以正史为据，辅以相关辞书和研究文献，力求资料准确、文字简练；对人物评价放眼历史全局，力求全面客观、真实精确。

本书除收录众所周知的历史文化名人外，还特意收录了在中外文化交流中发挥重要作用的外来人士和去往异国他乡带回异域文化信息的僧人、旅游家等，力争通过对历史文化名人的梳理，在世界视野下审视西安历史文化及其对世界文明演进的影响。

本书的编写得到了主编杜文玉教授的悉心指导，肖爱玲、贾俊侠教授提供了许多帮助，侯坤奇、刘定两位同志做了大量基础文献整理工作，西安曲江出版传媒股份有限公司的各位编辑对稿件的修改和编校付出了辛勤的劳动，在此一并致谢！

侯海英

2015年7月4日